일생에 한 번쯤은
파리지앵처럼

"창밖을 봐. 바람이 불고 있어. 하루는 북쪽에서,
하루는 서쪽에서. 인생이란 그런 거야. 우린 그 속에 있다고."
- 영화 〈베티 블루〉 중에서

CONTENTS

Prologue | 8

Walkway 1.
이베리아에서 보낸 한 철
스페인, 모로코, 포르투갈 | 22

Walkway 2.
와인에 취해, 예술에 취해
프랑스 샹파뉴부터 부르고뉴까지 | 82

Walkway 3.
사람의 향기를 찾아
터키 중남부, 이스탄불에서 카파도키아까지 | 126

Walkway 4.
하얀 여름, 파란 오후
그리스 북부와 지중해 섬 일주 | 174

Walkway 6.
중세 유럽을 내 품 안에
체코, 헝가리, 세르비아, 불가리아
258

Walkway 5.
해 뜨기 전까지의 사랑
오스트리아, 슬로베니아, 크로아티아
216

Walkway 7.
눈을 좇는 모험
홋카이도, 오겡키데스카? | **310**

Epilogue | **377**

Walkway 8.
그린 파파야 향기
베트남 남북 종단, 하노이부터
호치민까지 | **344**

P.r.o.l.o.g.u.e

내가 서른여섯에...
배낭여행을 선택한....
다섯 가지 이유.....

하나... 나를 재미있어하는 사람이 되고 싶다

"나에겐 오타쿠 기질이 있고, 다시 태어나도 나로 태어나고 싶을 만큼 내가 재미있을 뿐이다."

그날 오후, 나는 새로 나온 패션지를 무심히 뒤적이고 있었다. 내가 자주 만나왔고 좋아했던 배우가 무심코 던진 한마디가 이명처럼 귓가에 고여 사라지지 않았다. 어, 나는 왜 그런 생각을 한 번도 못해봤지? 배두나는 『보그』 인터뷰에서 분명히 '나를 사랑한다'가 아니라 '나를 재미있어한다'고 말했다. 내가 재미있어 못 견딜 것 같은 그 기분은 뭐지?

나는 어쩔 수 없이 나를 사랑하지만 그건 정말 간신히, 그럴 수밖에 없으니까 좋아하는 척하는 것일 뿐 진정으로 나를 좋아하기엔 내 비밀을 너무 많이 알고 있다고 생각했다. 하지만 그녀는 열등감 같은 단어는 태어나서 한 번도 들어본 적이 없다는 확고한 말투로 이렇게 말했다. 내가 재미있다고. 그리고 어쩌면 나에 대해 쉽게 정의내리지 않고, 열등감을 느끼지 않는 게 가장 큰 행운인 것 같다고.

"그래, 넌 행운아야!"

그녀의 어깨를 부여잡고 말해 주고 싶었다. 세상의 모든 사람들은 자기를 못마땅해하는 힘으로 겨우 살아가고 있다고. 그러니 너의 그 자신감은 누군가에게 돈 받고 팔아도 될 만큼 멋진 것이라고.

내가 아끼는 필자였던 B씨도 오래전에 비슷한 이야기를 한 적이 있다. 대학로의 단골 카페에서 병맥주를 벌컥벌컥 들이켜던 그녀가 갑자기 이렇게 말했다.

"난 내가 너무 좋아요. 내가 쓴 글이 정말 좋아요~."

'아니, 이런~.' 그녀 앞엔 글로 먹고 사는 사람이 둘이나 버젓이 앉아 있었다. 글쟁이 둘을 앞에 두고 뻔뻔스럽게, 자기 입으로 자기 글이 좋다

고 말할 수 있는 용기는 어디서 나오는 것일까? 나는 그녀에 대해 약간은 자뻑 기질이 심한 사람이라고 생각했다. 하지만 지금 돌이켜 보니, 어쩌면 나를 사랑하지 않고, 내 삶을 재미있게 여기지 못하는 나 같은 사람이야말로 정말 구제불능의 인간이라는 것을 깨닫게 된다.

배두나처럼, B씨처럼, 나도 내가 재미있고 사랑스러워서 미치겠다고 외칠 수 있는 사람이 되고 싶었다. 억지로라도 그렇게 해보고 싶었다. 난 너무 오랫동안 나를 사랑하지 않고 살아왔으니까, 이제는 나를 조금 사랑해 주는 것도 나쁘지 않다. 나를 사랑하기 위해 먼저 무엇을 해야 하지? 머릿속에 문득 스쳐간 단어, 그것은 모든 사람이 꿈꾸고 내가 궁극적으로 소망했던 자유의 또 다른 이름, 바로 여행이었다.

나는 여행자가 되기로 결심했다.

너무 오래 현실에 머물렀던 거야.
이젠 좀 더 용감해지고 싶다.

둘... 반듯한 삶에 흠집을 내고 싶다

당시 나는 아주 이상한 병에 걸려 있었다. 매일 아침마다 메일함에 쌓이는 수백 통의 영화 홍보 자료들을 클릭 한 번 하지 않고 단숨에 휴지통에 쓸어 담았다. 팩스의 길게 찢어진 입술 사이로 미끄러져 나오는 수많은 영화 취재 의뢰서들도 모두 비슷한 운명에 처해졌다. 제목조차 읽고 싶지 않았다. 가끔 TV를 틀다 영화 채널이 나오면 화들짝 놀라 아무 번호나 마구 눌러댔다. 뭔가 못 만질 것을 만진 사람처럼 가슴이 뛰고 숨이 막혔다.

"무슨 병에 걸린 건 아닐까? 아무래도 내 머릿속에 벌떼가 들어왔나 봐."
어렵게 뱉어낸 고백에 누군가 피식거리며 웃었다.
"네 머릿속에 벌떼가 들어 있다면 내 머릿속엔 코끼리가 들어 있을 거

낯선 곳에서 새롭게 나를 사랑해 보는 거다!

다. 나도 머리가 터져버릴 것처럼 아프거든. 세상 사람이 다 그래."

나의 고백은 공중 분해되었다. 와장창.

아무 일도 일어나지 않은 무심한 저녁이었다. 가랑비가 먼지처럼 가늘게 흩어졌다. 사무실에 혼자 앉아 있던 나는 가방도 챙기지 않고 터덜터덜 밖으로 기어나왔다. 가랑비가 티셔츠 사이로 소리 없이 밀려 들어왔다. 시원했다. 그날 나는, 내가 곧 이 치열한 마감 전선에서 물러날 것임을 예감했다. 내 병은 내가 잘 알고 있었고, 처방전도 이미 가지고 있었다.

"너무 오래 현실에 머물렀던 거야. 이젠 좀 더 용감해지고 싶어."

가랑비 사이를 한참 걸어다니던 서른여섯 살 여자의 입가에 미소가 번졌다.

"그래, 이제 떠나는 거야! 어디로든, 아무렇게나."

마음이 한결 가벼워졌다. 나는 조용히 우산을 접고 회사로 돌아갔다. 그리고 책상에 앉아 자판을 두드리기 시작했다.

"일신상의 이유로 회사를 그만두겠습니다."

그날부터 나는 여행 스터디에 들어갔다. 영화평을 쓰고 업무보고서를 작성하는 대신, 어디로 어떻게 떠날지를 고민하는 삶은 정말 달콤했다.

셋... 매일매일 다른 나를 만나고 싶다

한비야는 한 칼럼에서 이렇게 말했다. 자신은 원래 건망증이 많은 사람은 아닌데 이상하게 열쇠에 있어서만큼은 꼭 건망증 말기 환자처럼 자꾸 잃어버리게 된다고. 그 이유를 그녀는 어이없게도 세 살 때 열쇠와 안 좋은 인연을 맺기 시작한 데서 찾고 있었다. '말도 안 돼! 세 살 때 시작된 악연이 아직까지 이어지다니!'

일례로 그녀는 옛날 비디오 가게에서 항상 납기일을 넘기는 최악의 고객이었는데, 요즘 다니는 비디오 가게에서는 우수 고객으로 정평이 나 있다고 했다. 옛날 비디오 가게 주인이 들으면 가소로운 웃음을 터트릴지도 모르지만, 그녀는 정말 그렇다고 장담했다. 그러면서 사람들이 새해가 되면 자꾸 새 결심, 새 소망을 남발하는 이유가 바로 세상과 다른 관계 맺기를 하고 싶어하기 때문이라고 분석했다. 첫 단추를 다시 꿰고 싶어서? 어쩌면 그럴지도.

자기 안에 뭔가 다른 냄새를 갖고 사는 '호기심 가는 배우' 김남진은 한 인터뷰에서 이렇게 말한 적이 있다. "나를 모르는 세상에서, 완전히 다른 사람이 되는 것이 유일한 꿈"이라고. 나 역시 한때 그런 발칙한 소망을 꿈꿨던 적이 있기 때문에 그의 말에 고개를 끄덕거렸다.

함부로 나를 포기할 수 없다는 것을 알게 되었을 때, 나의 결심은 이렇게 바뀌었다. 나를 비교적 잘 모르는 곳에서 새로운 사람들을 많이 만나고 싶다! 그것은 세계 곳곳을 쉴 새 없이 돌아다니겠다는 작은 다짐이었다.

나는 부지런히 세상 속으로 여행을 떠나기 시작했다. 새로운 도시에서, 새로운 사람들과, 새로운 관계 맺기를 할 때 느껴지는 희열은 정말 대단했다.

어느 도시에서 나는 대단히 용감하고 능력 있고 센스 있는 여자가 되어 숙소에 묵고 있는 모든 사람들의 사랑을 독차지한다. 어느 도시에선 대단히 겁 많고 소심하고 센스 없는 여자가 되어 낡은 바에서 초라하게 맥주를 홀짝거릴 때도 있다. 혹시 그렇더라도 걱정할 건 아무것도 없다. 아침 일찍 짐을 챙겨 떠나면 아무 걱정 없이 또 다른 내가 될 수 있기 때문에.

어쩌면 나는 매일 다른 나를 만나기 위해 부지런히 여행 가방을 싸고 있는지도 모르겠다. 모든 도시에서 항상 달라진 나를, 항상 다른 날들을 만나는 기쁨을 누리기 위해 여행을 떠나고 있는지도 모르겠다. 이것이 바로 내가 이젠 지쳤다고 투덜대면서도 여전히 무거운 여행 가방을 싸고 있는 이유다.

넷... 나만의 산책로를 만들고 싶다

나의 여행은, 전적으로 길에 대한 관심에서 비롯되었다. 나는 새로운 길을 익혔을 때 남들보다 쉽게 흥분하는 경향이 있다. 지구상에 내가 아는 길이 점점 늘어난다는 것, 지도를 보지 않고 자유롭게 활보할 수 있는 길이 많아진다는 것은 생각보다 훨씬 근사하고 흥분되는 일이다.

모퉁이를 돌아 다음 사거리에서 우회전하면 과일 가게가 나오고, 그

옆 골목을 돌면 혼자 커피 마시기 좋은 카페가 있다는 것을 발견하는 기쁨. 골목길을 익히고, 지름길을 알게 되고 어떤 거리에서 매일 저녁 아줌마들이 모여 수다를 떨고 있다는 마을의 사소한 법칙을 알아가는 게 즐겁다.

나는 숙소를 잡으면 제일 먼저 걷기 좋은 길들을 탐색하기 시작한다. 한 시간 내에 돌아올 수 있는 반환점을 정하고, 오는 길과 가는 길이 겹치지 않게 목적지를 중심으로 크게 돌아가지 않는 산책로를 꼼꼼히 만들어나간다. 내일 아침에는 이 길을 따라 게으르게 산책을 하고, 돌아오는 길에 커피 한 잔과 크루아상 하나를 사먹을 수 있다! 빵집 아저씨와 잡담을 나누고 산책 나온 아주머니와 미소를 주고받을 수 있다! 상상만으로도 근사하다.

내가 여행을 떠나는 이유는 여기가 아닌 다른 곳에서 살아보고자 하는 욕망이다. 이국적인 풍경을 보고 성당이나 사원을 기웃거리는 것도 좋지만, 아무도 나를 모르는 곳에서 장을 보고 밥을 짓는 것처럼 한국에서 늘 하던 짓을 반복하는 게 더 즐겁다. 여행지에서 일상을 느긋하게 즐기고 있으면 어제도 그제도 이곳에 있었던 것처럼 편안하게 도시의 일부가 된 느낌을 받게 된다.

설사 마을 사람들이 저 자연스러운 척하는, 그러나 좀처럼 자연스럽지 않은 친구는 누굴까 궁금해할지라도 나는 짐짓 자연스러운 척 동네 장터에서 해산물과 치즈가 가득 든 봉지를 들고 터덜터덜 숙소로 돌아오고 싶은 것이다. 아주 뻔뻔스럽게.

다섯... 천천히 걷고 싶다

나의 첫 번째 카메라는 니콘 FE였다. 누군가의 서랍 속에 오랫동안 고이 보관된 것이 분명한 그것은 30여 년 전 제품인데도 윤기가 좔좔 흐르는 게 아주 탐스럽고 사랑스러웠다. 중고 카메라를 선물 받은 후부터 나는 장난감을 갖고 놀듯 매일 아침 카메라를 들고 뭔가를 채집하러 나갔다. 볼 줄도 모르면서 사다 모은 유명 사진가들의 사진집 같은 컷들을 빨리 건져 올리고 싶어서. 하지만 역시 카메라라는 장난감은 쉽사리 몸을 허락하지 않는 20대 초반의 처녀처럼 나를 매번 시험에 들게 했다.

카메라에 처음 관심을 갖기 시작했을 때, 나는 복잡한 작동법에 빨리 익숙해지고 싶었다. 내가 원하는 사진을 자유자재로 찍으려면 무엇보다 카메라 작동법을 잘 알아야 한다고 믿었다. 하지만 이놈의 카메라는 변수가 지독히도 많았다. 비가 올 때, 햇살이 내리쬘 때, 새벽과 저녁에, 바람이

"난 세계 지도를 보지 않고 지도를 그릴 수 있는 사람이 되고 싶어. 이 해안선을 모두 기억할 거야."

불 때와 불지 않을 때. 각각의 변수들에 대처하는 법들을 익혀나가는 동안, 거무튀튀하거나 하얗게 날아갔던 사진들이 제자리를 찾기 시작했다. 야호! 드디어 나는 작동법을 마스터한 것인가?

그런데 알고 보니 카메라 작동법을 익히는 것은 수단은 될지언정 결코 목적은 될 수 없는, 하찮은 기술에 불과했다. 나는 무뎌져 있는 내 눈을 갈고 닦아야 했다. 뭉툭해진 감성을 날카롭게 단련해야 했다.

세상을 보는 눈을 새롭게 장착한다는 것. 그건 아주 쉬워 보이지만 쉽게 도달하기 어려운 고난도 목적지였다. 나는 우선 1년 365일 하루 24시간, 시계 초침보다 빨리 달려갔던 내 발을 붙들어 맸다. 카메라로 시간의 한 단면을 도려내기 위해선 그 자리에 잠시 서 있을 시간, 침묵하고 그 단면을 바라볼 시간이 절실히 필요하다. 누구보다 빨리 세상을 향해 걸어갔던 내가 제자리에 서서 주변을 두리번거리는 것은 결코 쉬운 일이 아니었다.

천천히 그 자리에 오래 서 있는데도 새롭게 눈에 보이는 것이 없을 때

가 가장 곤혹스러웠다. 나는 뭉툭하게 닮은 내 눈에 기를 힘껏 모으고 "뭐가 보이니?"를 자꾸 되물었다. 여행을 다니면서 새롭게 발견한 사실이 하나 있다. 언제부턴가 내가 남들보다 앞장서 걷지 않고 있다는 것, 누군가가 나를 기다리며 내가 뒤쳐져 온 시간을 바라보게 되었다는 것. 의식하지 않고 시간의 한 단면을 쪼개 거기에 내 느낌을 만들어 붙일 수 있게 되었다는 것.

나는 카메라 작동법이 아니라 카메라를 대하는 자세, 아니 세상을 대하는 자세를 자연스럽게 익혀가고 있었다. 그것은 세상에 대해 내가 가져야 할 최소한의 예의였고, 그런 예의를 아는 내가 조금은 사랑스럽게 느껴지기 시작했다. 이제 나는 슬슬 나를 사랑해도 되는 것일까?

Walkway 1.
이베리아에서 보낸 한 철

스페인, 모로코, 포르투갈

모든 것에 심드렁했다. 내 안의 열정은 점점 죽어가고 있었다.

나는 영원히 마르지 않을 열정을 찾아 이베리아로 떠났다.

···침묵의 즐거움

이베리아, 라는 단어를 발음할 때 느껴지는 입술의 움직임이 좋았다. 첫 음절과 마지막 음절이 서로를 그리워하다 애틋하게 분리되는 느낌. 이베리아로 가겠다고 결심한 건 순전히 이런 근거 없는 막연한 동경 때문이었다. 아시아의 동쪽 끝에 작은 종기처럼 붙어 있는 내 나라 한국과 달리, 이베리아 반도는 고대 석상의 잘생긴 옆모습처럼 건장하게 유럽 대륙을 머리 위에 받치고 있다. 나는 그 반도의 배꼽과도 같은 도시 마드리드에서 여행을 시작하기로 했다. 투우와 플라멩코의 나라 스페인, 집시들이 춤추는 그곳으로 가자!

마드리드 공항에 도착하자 역시나 시끄러운 수다쟁이인 스패니시의 재잘거리는 소음이 진공램프를 통과한 랩뮤직처럼 꽝꽝 울려대기 시작했다. 도저히 알아들을 수 없는 쫀득쫀득한 발음들. 사람들의 이야기를 단 한 마디도 알아들을 수 없다는 것은 모든 정보의 중심에 서 있던 내게 생각보다 낯선 즐거움을 안겨주었다. 그 무렵 나는 수십 잔의 커피와 알코올을 들이켜며 공중분해시켰던 나의 언어들을, 지우개라도 있으면 싹싹 지워버리고 싶은 심정이었다. 끊임없이 말을 하고 있는 나와 끊임없이 말을 듣고 있는 나, 끊임없이 뭔가를 읽고 있는 나와 끊임없이 뭔가를 쓰고 있는 내가 너무나도 지겨웠다.

"당분간 언어라는 깔때기를 통과하지 않고도 누군가와 소통하며 살 수 있다는 것을 보여주겠어!"

시끄러운 스패니시들 사이에서 나는 아무도 크게 마음 쓰지 않는 다짐을 소리 없이 외치고 있었다. 의기양양하게.

···버려진 콘돔들의 도시

"마드리드엔 절대 밤에 도착하지 마! 여자 혼자서 숙소도 없이 그 도시에 들어가는 건 집시들의 저녁 식탁에 널 제물로 기꺼이 올려놓겠다는 뜻이거든."

프랑스에서 만난 랭쉬는 어디서도 들을 수 없는 귀한 정보를 전해주겠다는 듯 내 귓불에 입술을 바짝 붙이고 이렇게 말했다. 간지러운 입김이 귓속에서 방귀 소리를 내며 피식거렸다. "쳇, 쿨한 프랑스인도 여자 앞에

알함브라 궁전에서 바라본 안달루시아 풍경은, 궁전보다 아름답다.

선 가끔 핫해지는 건가?" 나는 필요 이상으로 몸을 밀착시키는 이 남자의 행동이 내심 못마땅해서 별 걱정을 다한다는 듯 차갑게 쏘아붙였다.

"세상에서 제일 위험한 도시는 마드리드가 아니라 파리야! 넌 파리지 앵이라 잘 모르겠지만, 난 이 도시에서 두 번이나 소매치기를 당한 적이 있다고!"

사실 마드리드에 대한 소문은 생각보다 흉흉했다. 가까운 친구의 사례. 지하도를 건너다 소매치기의 칼에 맞고 쓰러짐. 생명에 지장은 없었으나 새로 산 명품 가방을 빼앗기고 복부에 원치 않는 바늘 자국을 얻음. 건너 건너 들은 사례. 벌건 대낮, 골목 어귀에서 까맣게 그을린 유방을 말리고 있던 한 중년 아주머니가 뽀송뽀송한 한국 청년을 덮침. 강간의 위기에 봉착한 그놈, 몸은 불끈 달아올랐지만 에이즈 및 기타 볼썽사나운 질병에 대한 방어벽이 두터워 정신을 번쩍 차림. 여자의 손을 뿌리치고 달아나려다 기둥서방인 듯한 사내에게 붙잡혀 현금을 모조리 압수당함.

랭쉬의 충고 때문이 아니더라도, 몇몇 사례만 종합해 보면 이 도시의 위험 수위는 능히 짐작하고도 남았다. 나는 마드리드로 들어가기 전 주먹을 불끈 쥐며 전열을 불태웠다. '그래, 마드리드가 아니더라도 밤에 낯선 도시에 도착하는 건 여성 배낭여행자 수칙에 절대 어긋나는 일이야. 정신 바짝 차리고, 조심 또 조심.' 이 정도면 자유분방한 여행을 지향하는 나로서는, 정말 한 발 뒤로 물러날 결심을 한 셈이었다.

나는 웬만하면 마드리드에 밤에 도착하지 않으려고 노력, 또 노력한 사람이다. 하지만 비극의 팡파르는 언제나 소리 없이 울린다. 마드리드 입국 시각은 저녁 5시. 이쯤 되면 숙소 찾는 데 몇 시간을 허비하더라도 충분히 밤의 마드리드를 피할 수 있다. 『론니 플래닛』에 밑줄 그으며 찾아놓은 유스호스텔도 서너 개. 그런데 그날따라 마드리드에 흔치 않은 비가 내리기 시작하더니 금세 하늘빛이 어두워지기 시작했다. 첫 번째 유스호스텔은 만원사례. 두 번째 유스호스텔은 전철을 타고 멀리 움직여야 한다. '그까짓 거 빨리빨리 움직이면 되지.' 무거운 짐을 메고 표시된 역에 내릴 때만 해도 두려운 것은 아무것도 없었다. 오른쪽 어깨 결림이 조금 심해졌다

그라나다 거리에서 만난 소년 합창단. 수다스럽지만 유쾌하다.

는 것을 제외하곤.

유스호스텔은 한적한 공원 안에 있었다. 숲이 우거지고 새가 우짖는 넓은 공원. 주변 환경은 그리 나쁘지 않지만, 가랑비가 살랑거리는 공원 안은 누가 봐도 공포 영화의 오프닝 신이다. 겁 없는 주인공, 살짝 걱정스럽다는 표정을 짓지만 절대 움츠러들지 않고 씩씩하게 걸어간다. 바로 나다. 뚜벅뚜벅. 그때 인적 없는 공원 안에서 부스럭부스럭 뭔가 수상한 소음이 들리기 시작했다. 미끈한 중형 자동차를 타고 있는 남자가 공원 한가운데서 한 여자와 오래도록 뭔가를 흥정하고 있다. 가슴이 반쯤 드러난 티셔츠와 짧은 '똥꼬' 치마를 입은 여자는 흡사 신데렐라로 변신하기 전 〈귀여운 여인〉의 줄리아 로버츠다. 잠시 후 중형 세단에 머리를 들이밀고 깊은 대화를 나누던 그녀가 홀연히 차에 올라타고 어디론가 사라졌다. 멀리서 음산한 괴성이 들려오기 시작했다.

고요한 숲속의 정적을 깨고 간간히 들려오는 신음소리. 그 소리는, 그 소리는……? 뭔가 에로틱하다. 설마, 그럴 리가? 몇 분 동안 긴장을 늦추지 못한 어깨는 뻣뻣하게 굳어가고 있었고, 물기 먹은 청바지는 아래로 축축 쳐지기 시작했다. 발밑에 살짝 고여 있는 물방울을 털어내기 위해 고개를 떨구는 순간, 진흙더미 위에 찬란하게 흩어져 있는 그것은, 꽃잎처럼 하얗게 말라비틀어진 쓰다 남은 큼지막한 콘돔이었다. 정신을 차리고 주위를 둘러보니 내 발밑뿐 아니라 공원 곳곳에 쓰다 버린 콘돔들이 시체처럼 널려 있다. 그러니까 이곳은 밤이 되면 테이크아웃 창녀촌으로 변하는 음란한 공원인 모양이었다. 조신한 서울 여자는 그 자리에서 정말 얼음처럼 차갑게 얼어버렸다. 불과 몇 백 미터 거리에 있는 유스호스텔이 100킬로미터쯤 떨어져 있는 것처럼 아득하게 느껴졌다.

무사히 호스텔에 입성하긴 했지만, 리셉션에 앉아 있는 불친절한 여자의 말에 따르면 이 유스호스텔은 호스텔증이 없는 사람은 받아줄 수 없는 '공식' 호스텔이란다. 그러면서 덧붙이는 말. 마드리드에는 호텔이 아주 많기 때문에 시내로 나가면 어렵지 않게 잠잘 곳을 구할 수 있고 가격도 베리 칩~하단다. 하지만 문제는 그게 아니지 않나! 이 야심한 밤에 무시무시한 테이크아웃 창녀촌을 다시 통과하느니, 차라리 죽음을 택하고 싶은 심정이었다. 나는 파리에서 소매치기를 만나 호스텔증을 잃어버렸다고 거짓말을 늘어놓은 후 간신히 침대 하나를 배당받았다. 당연히 남녀 불문, 순서대로 아무 침대에나 여행객을 밀어넣는 자유분방한 믹스 룸에.

··· 매일 같은 일을 하며 산다는 것

셰인은 그곳에서 만난 진정으로 자유분방한 독일 청년이다. 그 녀석은 호스텔 앞마당에 있는 야외 펍인지 벤치인지 아리송한 곳에 앉아 뭔가를 계속 쓰고 있었다. 이미 빈 맥주병을 몇 개나 끌어안고 있던 셰인은, 샤워도 하지 않고 허기부터 채우러 온 동양 여자에게 뜻 모를 윙크부터 날렸다. 그는 마드리드에 며칠이나 머물 예정인지 물었다. 나는 달랑 하루만 묵고 떠날 거라는 이야기를 하기가 멋쩍어 잘 모르겠다고 대충 얼버무렸다. "넌 며칠이나 머물렀는데?" "난 이곳에서 벌써 넉 달째 머물고 있어." "포 먼쓰 4 month? 위크 week가 아니라 먼쓰 month라고?"

그는 매일 새로운 사람들을 만나고 떠나보내는 느낌이 좋아 여행 3개월째부터 계속 이곳에 머물고 있다고 했다. 〈터미널〉의 빅터 나보스키처럼, 매일 떠나는 사람들의 뒷모습을 보며 가슴을 적시고 눈물을 쏟는 삶을 살고 있는 것이다. 그는 아마추어 에세이스트라고 했다. 이곳에서 만난 사람들의 이야기를 매일 일기 쓰듯 꼼꼼히 기록하며 살고 있다. 나는 그의 에세이에 어떤 모습으로 기록될까. 현재 내 몰골이라면, 생쥐처럼 빗물을 뒤집어쓴 처량한 동양 여자쯤으로 기록돼도 마땅하다는 생각이 들었다.

"넌 정말 재미있는 작업을 하고 있구나." 나는 그에게 〈스모크〉의 하비 케이틀이 매일 하던 작업에 대해 알려주었다. "매일 같은 장소에서 비가 오나 눈이 오나 계속 같은 사진을 찍고 있는 사람이 있거든. 바로 〈스모크〉의 하비 케이틀이야."

능숙하지 않은 영어로 재잘대고 있는 내게, 그가 갑자기 물었다. "만일 네가 그 사람처럼 매일매일 같은 짓을 반복해야 한다면, 넌 어떤 일을 하고 싶니?" 빈속에 마구 털어넣은 맥주가 부글부글 끓어올라왔다. 쿨럭쿨럭. 나는, 나는…… 머릿속이 하얗게 탈색되는 느낌이었다. 나무를 심고 싶은 것 같기도 하고, 기차를 타고 싶은 것 같기도 하고, 에라, 술을 마시고 싶은 것 같기도 하고……. "잘 모르겠어." 나는 결국 멋없는 대답과 안일한 웃음으로 그의 질문을 얼버무렸다.

그날 나는 셰인에게 미처 말하지 못한 대답을 궁리하느라 밤새 몸을 뒤척거렸다. 어쩌면 여섯 명 정원의 도미토리에 함께 몸을 뉘인 사람이 모두 남자라서 깊은 잠을 자지 못한 것일 수도 있다. 내 주위에서 코를 골며

• 마드리드 지하철 풍경. 기다리는 사람들의 표정은 세계 어디나 비슷하다.

•• 저녁나절, 코르도바 광장은 을씨년스럽다.

스페인의 하늘은 서울에서 매일 올려다보던 하늘과 많이 다르다.
높고 청명해서 신의 존재를 긍정하게 된다.

누군가 걸어온다. 작은 구멍 사이로 걸어오는 그들은,
곧 내 마음의 문을 두드린다.

자고 있는 남자들이 모두 도둑 같고 능구렁이 같고 짐승같이 느껴졌다. 크고 작은 숨소리를 들으며 밤을 꼴딱 새우다 아침 일찍 호스텔을 빠져나왔다. 이른 아침인데도 셰인은 벌써 공원 한쪽에 자리를 잡고 책을 벗 삼아 노닐고 있었다. 나는 인사도 제대로 하지 않고 몸을 살짝 숨긴 채 그곳을 빠져나왔다. 왜 그랬을까? 질문에 대한 대답을 준비하지 못해서? 하루 만에 이토록 자유분방한 마드리드를 탈출하는 게 부끄러워서? 정답 없는 세상에 던져진 것처럼 모든 것이 아리송했다.

어깨에 멘 가방에선 쉰 냄새가 진동하고 있었다. 저녁 내내 비를 맞은 탓인지 고린내가 쉽게 가시지 않았다. 여행을 하려면 이 고릿한 냄새와도 친해져야 하고 얼굴에 번들거리는 기름기에도 관대해져야 한다. 나는 이 버려진 콘돔들의 도시에 언젠가 다시 돌아올 것을 기약하며 서둘러 기차역으로 향했다.

···안달루시아의 하얀 마을에서 걷고 또 걸었다

마드리드에서 스페인 특급열차 아베AVE로 2시간이면 닿을 수 있는 안달루시아의 하얀 마을 코르도바. 기차역은 생각보다 크고 모던했다. 지도 한 장 없이 무작정 코르도바를 찾은 나는, 이 크고 화려한 기차역에서 잠시 어안이 벙벙해졌다. 손바닥만한 성곽 도시를 기대했던 사람이라면 누구나 적잖이 당황할 만한 화려함이었다.

나는 먼저 아프리카인들이 큰 뜻을 품고 세운 이슬람 사원 메스키타(스페인어로 모스크를 뜻한다) 주변으로 가보고 싶었다. 기차에서 만난 아주머니가 "코르도바는 메스키타의 도시"라고 몇 번이나 강조했기 때문이다. 버스 번호는 수십 가지였다. "메스키타로 가려면 몇 번 버스를 타야 하나요?" 사람들은 강변으로 가는 버스라면 아무거나 타도 상관없다고 심드렁하게 말했다.

까맣게 그을린 피부를 가진 아래 대륙 사람들이 물길을 건너 이 땅에 처음 깃발을 꽂았을 때, 정신의 한 축을 위해 세워놓은 이슬람 사원 메스키타. 그들이 아무 성상도, 제단도 없이 허전하게 비워둔 그곳에 훗날 천주교인들은 조각을 빚고 그림을 이어 붙여 세상에서 가장 독특한 성당 하나를 만들어냈다. 성당이 완성된 후 왕은 "어디에도 없는 것을 부수고, 어디에나 있는 것을 지었다"고 한탄했지만, 사실 그의 한탄은 조금 쓸데없는 짓이었다. 지금 메스키타는 세상에 하나뿐인 이슬람식 천주교 성당으로 이름을 떨치고 있다. 메스키타를 본 순간, 나는 왕의 푸념을 완전히 뒤집고 싶어졌다. "어디에나 있는 것을 부수고, 어디에도 없는 것을 지었다." 메스키타는 터키에서 지겹도록 보아온 모스크와도, 유럽 전역에서 숱하게 봐왔던 성당과도 완전히 달랐다. 이것은 코르도바에만 있는, 아니 세상에 오직 하나뿐인 건축물이 분명하다.

'오렌지 정원'이라는 별명에 걸맞게 성당 주변에는 주황색 오렌지 나무들이 줄지어 늘어서 있었다. 서울에서라면 지나가던 사람들이 모두 손을 뻗어 오렌지를 탐했겠지만, 이곳 사람들은 손댈 수 없는 정물화를 지켜보듯 오렌지 나무를 가만히 내버려두었다. 평온하고 한적한 오후 풍경이다. 성당 안을 어슬렁거리는 사람들은 침략과 복원의 흔적을 묵묵히 응시하며 사색에 빠져 있다. 말발굽을 닮은 아치가 천장 가득 드리워진 성당은, 왠지 힘차고 의연해보였다. 나는 한 시간가량 성당 안을 게으르게 어슬렁거리다가 바깥으로 빠져나왔다. 어두운 성당과는 달리 짱짱한 햇살이 메스키타 주변을 이글이글 태우고 있었다.

 그것은 막 빨아놓은 빨래처럼 깨끗하고 정갈한 모습이다. 나는 메스키타의 겉껍질과도 같은 유대인 골목을 천천히 걷기로 했다. 깨끗하지만 조금 비좁은 그 길을 사람들이 소리 없이 걷고 있었다. 길이 유난히 좁은 탓에 사람들과 자주 어깨가 부딪쳤다. 부딪치는 어깨 사이로 김이 모락모락 피어오르는 것 같다. 예쁜 정원patio을 품고 있는 집들을 어깨 너머로 살짝

구경하며 다니는 기분은 산뜻하다. 코르도바는 웃고 떠들고 즐기는 도시가 아니라, 사색하고 산책하며 지내기에 알맞은 도시다. 나는 이 도시에 나만의 산책로를 여럿 만들어두었다. 하루 종일 산책을 하는 것만이 유일한 낙인 것처럼, 걷고 또 걸으며 코스를 짰다.

···로르카와 집시의 마을

나는 그라나다에 꼭 5시에 도착하고 싶었다. 로르카의 시 때문이었다.

'오후 다섯 시 / 정각 오후 다섯 시였네 / 한 소년이 하얀 이불보를 가져왔네 / 오후 다섯 시에 / 미리 준비한 석회바구니도 / 오후 다섯 시에 / 남은 것은 오로지 죽음, 죽음뿐이었네 / 오후 다섯 시에 / 바퀴 달린 관이 침대로 변했네 / 오후 다섯 시에 / (……) / 아, 얼마나 끔찍한 오후 다섯 시인가! / 시계란 시계는 다 다섯 시였다네 / 어스름한 오후 다섯 시였다네.'

익나시오 산체스 메히아스의 죽음을 애도하는 이 시를 처음 알게 된 것은 〈데스 인 그라나다〉라는 영화를 통해서였다. 서글픈 눈매의 앤디 가르시아가 연기하는 작가 로르카는, 1936년 8월 스페인 내전이 시작된 후 그라나다에서 허망하게 죽어버렸다. 메히아스의 시뻘건 피의 죽음을 추모했던 그가 졸지에 추모를 당해야 할 사람이 되어버린 것이다. 〈데스 인 그라나다〉에서 그의 죽음을 들춰내는 인물은 문학도 리카르도다. 그는 모든 사람이 궁금해하지만 쉽게 알려하지 못했던 진실을 캐나가기 시작한다. 로르카는 왜 죽었을까? 여전히 의혹의 역사인 그것은 끝내 제대로 밝혀지지 않는다.

로르카의 죽음은, 아주 허망해 보였다. 덕분에 모든 사람들이 태양의 땅, 알함브라 궁전이 있는 마을로 기억하는 그라나다를, 나는 어처구니없이 죽음의 땅으로 기억하고 말았다. 코르도바에서 그라나다로 향하는 발걸음은 아주 무거웠다. 스페인의 역사는 우리나라의 그것처럼 조금 서글퍼 보였다. 독재의 기억, 의문의 죽음들.

그라나다에 도착한 것은 오후 3시 무렵이었다. 안달루시아의 태양은 소문대로 아주 강렬해서 어쩔 수 없이 우울하게 기억했던 그곳에 대한 인상은 많이 누그러졌다. 도시 곳곳에선 익숙한 기타 리듬, 제목은 몰라도 리듬만은 익숙한 타레가의 '알함브라 궁전의 추억'이 수시로 흘러나왔다. 상점에서 틀어주는 관광객 유인용 음악이었다. 생음악으로 '알함브라 궁전의 추억'을 연주하는 거리의 악사도 자주 만났다. 나는 이 도시에서 듣는 '알함브라 궁전의 추억'이 결코 나쁘지 않았지만, 그라나다 사람들에게 이 노래는 혹시 저주와도 같은 리듬이 아닐까 사뭇 걱정스러워졌다. 같은 음악을 매일 반복해서 들으며 산다는 것은, 히트곡이 한 곡밖에 없는 가수의 운명과 비슷하다. 평생 같은 음악을 부르고 같은 음악을 들으며 사는 것은, 차라리 고문이나 마찬가지가 아닐까.

숙소에 짐을 풀고 나오니 리셉션에 앉아 있던 아주머니가 플라멩코를 보러 갈 생각이 없느냐고 물어왔다. 그러니까 그라나다에선 누구나 '알함브라 궁전의 추억'을 듣고, 플라멩코를 보고, 알함브라 궁전을 구경하다 돌아가는 것이다! 나라고 별 수 있나. 스페인어도 모르는 내가 로르카 박물관을 어슬렁거려봐야 괜한 시간 낭비일 게 뻔하다.

음료수와 차비가 포함된 플라멩코의 가격은 25유로. 봉고차가 호텔을 돌며 관광객들을 태우고 알바이신 지구로 부지런히 이동했다. 플라멩코 공연은 집시들이 거주하는 동굴 한 구석에서 두 시간 동안 이어졌다. 세 명의 여자와 두 명의 남자, 한 명의 꼬마가 번갈아가며 치맛자락을 휘젓고 발뒤꿈치를 내리친다. "올레, 올레!" 접시와 국자가 대롱대롱 매달린 이상한 동굴에 모인 관광객들은, 모두 숨을 죽이고 그 모습을 구경했다. 어쩐지 이것은 마드리드에서 보았던 한낮의 투우 경기와 비슷해 보였다.

화려하지만 슬프다. 피비린내 나는 죽음의 그림자가 있다. 플라멩코는 기타를 든 남자가 토해내는 구성진 노랫가락을 타고 힘차게 이어졌다. 마침 주말이라 학교에 가지 않은 집시의 딸이 무대의 흥을 돋웠다. 그들은 모두 서로의 사촌이며 형제, 엄마와 딸이라고 했다. 태어나는 것과 동시에 무엇을 하며 살아야 할지가 정해져 있는 삶을 산다는 것은 어떤 느낌일까. 소녀는 이미 플라멩코의 베테랑이었다. 키는 아직 조그맣지만 눈빛은 제대로 섹시한 어른의 눈매를 따라하고 있었다. 그것은 피카소가 그리다 실패한 그림의 한 장면처럼 아주 어색해 보였다. 생뚱맞지만 각도를 비틀어 보면 너무도 사실적인 입체파 그림의 한 장면.

공연이 끝나자 알바이신 지구 야간 투어가 이어졌다. 저녁 무렵 알바이신 지구는 발끝을 살짝 들고 걸어야 할 만큼 조용하다. 낮 동안 수많은 인파로 북적거렸던 레스토랑은 모두 열쇠를 꽁꽁 걸어 잠그고 짧은 휴식에 들어간다. 이 조용한 알바이신 지구에서 관광객이 할 일은 단 하나. 멀리, 좀 더 멀리 시선을 던지는 일이다. 시선을 던지면 저 건너편에 섬처럼 떠 있는 알함브라 궁전이 보인다. 어두운 운무에 휩싸인 알함브라 궁전은 영원히 닿을 수 없는 섬처럼 아득하게 반짝거린다. 저것을 잡아 내 호주머니에 쏙 집어넣고 싶을 만큼, 욕심나는 아름다움이다. 하지만 저 아름다움을 내 것으로 만드는 것은 사치를 넘어 죄악처럼 느껴진다.

다음날 나는 아침 일찍 그 아름다움의 진원지로 향했다. 알함브라 궁전은 생각한 것 이상으로 아름답고 볼 게 많은 곳이었다. 사크라몬테 언덕과 시에라 네바다 산맥이 훤히 내다보이는 알카사바의 전망대, 사자 문양의 분수가 있는 커다란 왕궁, 그라나다 왕의 여름 궁전이었던 헤네랄리페 정원에 이르기까지, 모든 조형물이 한 치의 어긋남 없이 완벽하게 조화를 이루고 있었다.

하지만 한 세기에 걸쳐 정성껏 지어진 궁전에서 내가 감탄하며 바라본 것은, 알함브라 궁전이 아니라 오히려 흰색으로 빛나는 안달루시아 전역의 아름다움이다. 알함브라 궁전이 아름다운 이유는 수많은 전망대를 갖고 있기 때문이 아닐까. 그곳에선 안달루시아 전역이 정말 시원하게 내려다보인다. 연인들은 수시로 건물 뒤편에서 낭만적인 키스를 나눈다. 공원 여기저기서 입술을 더듬고 있는 그들은 알함브라 궁전의 일부처럼 자연스럽다. 나도 그 일부가 되고 싶어진다.

···페리에서 멋진 동행자 만들기

모로코는 지브롤터 해협을 사이에 두고 유럽 대륙과 머리를 맞대고 있는 길고 두툼한 나라다. 스페인 알헤시라스에서 배를 타고 4시간이면 닿을

수 있는 이곳은, 머리 위에 시원한 바다를 얹고 가슴팍에 메마른 사하라 사막을 품은 채 모로 누워 있다. 나는 그 나라의 머리 꼭대기인 탕헤르를 시작으로 마라케시까지 긴 등뼈를 타고 일직선으로 훑어내려갈 예정이었다. 얼마나 오랜 시간이 걸릴지, 그 여정의 끝에 무엇이 기다리고 있을지 아무것도 예측할 수 없는 시간.

탕헤르행 페리는 도착 시간을 훨씬 넘겼는데도 좀처럼 도크를 열지 않았다. 기다리던 사람들이 조바심을 내며 이리저리 움직였다. 통통한 미국 여자애 하나가 더 이상은 못 참겠다는 듯 나를 향해 물었다. "왜 배는 올 생각도 안하는 걸까? 영어를 할 줄 아는 사람이 없으니 물어볼 수도 없고." 목소리에 짜증이 잔뜩 묻어 있었다. 그녀의 이름은 새라, 우리 식으로 쓰면 사라라는 이름의 참을성 없는 여자애였다. 나 역시 도대체 오늘 안에 페리가 출발하긴 하는지 애간장을 잔뜩 태우고 있던 중이었으므로, 그녀 뒤에 바짝 붙어 서서 배의 행방을 지켜봤다. 선두에 선 그녀가 움직일 때마다 영어를 할 줄 모르는 수백 명의 사람들이 뱀의 꼬리처럼 이리저리 뒤엉켰다.

나는 인내심이 조금 부족해 보이는 그녀에게 조심스레 말을 걸었다. 말하자면, 동행을 만들라는 누군가의 조언을 열심히 실천하는 중이었다. "모로코는 이번이 처음이니?" "아니, 모로코에는 내 남자친구가 있어서 몇 번 간 적이 있어. 나는 스페인 코르도바에서 공부를 하고 있거든." "내가 듣기로 모로코는 아주 위험하다고 하던데." 그녀가 피식 웃으며 대꾸했다. "위험하다고? 천만에. 지갑만 조심하면 모든 게 안전해!"

출발 시간을 한참 넘겨 도착한 배는 천천히 뱃고동을 울리며 바다로 미끄러졌다. 배를 탄 후에도 나는 계속 그녀 곁에 붙어 앉아 여권 수속을 언제 받으면 좋은지, 마라케시로 갈 땐 뭘 타고 가야 하는지 조언을 구했다. 이야기를 나눌수록 아무래도 그녀는 내 동행자로 적합하지 않다는 생각이 들었다. 사라는 많이 초조해 보였다. 담배 생각이 간절한지, 배 안에서 담배를 살 수 없다는 사실에 잔뜩 짜증을 내고 있었다. 그때 우리 곁으로 영어를 쓰는 젊은 남자 한 명이 지나갔다. 그녀는 나처럼 서투른 영어를 쓰는 사람이 아니라 진짜 영어를 쓰는 사람을 만났다는 데 한껏 고무되었는지, 그에게 서슴없이 말을 걸었다. 그리고는 곧바로 담배부터 구했다. 서글서글한 인상의 그 남자는 시원스럽게 담배를 하나 꺼내주었다.

"쌩큐~." 그리고 나에게도 한 대!

나는 얼떨결에 담배를 함께 뽑아들었다. 흡연구역으로 이동하려는 그들과 절대 헤어지고 싶지 않았기 때문이다. 남자애가 씽긋 미소를 지으며 땀으로 번들거리는 내 얼굴을 물끄러미 바라보았다. 그제야 나도 그 남자의 얼굴을 자세히 들여다보았다. 잘생겼다. 그의 나이는 33세, 이름은 저스틴. 휴가 때마다 지구 곳곳을 자유롭게 여행한 덕분에 안 가본 곳이 별로 없는 자유로운 호주 남자였다. 모로코로 가는 내내 맥주와 담배를 놓지 않았던 그는 사라의 국적이 미국이라는 말을 듣자 조심스럽게 충고했다.

"모로코에선 미국인이라는 말을 하지 않는 게 나을 거야. 모로코 사람들은 미국인을 별로 좋아하지 않거든. 특히 부시를 아주 싫어하지."

호스텔에서 만난 20대 청년들은 여자와 술 이야기밖에 하지 않았지만, 저스틴은 조금 달랐다. 그는 한국에 대해서도 나름 해박한 지식을 갖고 있었다. 남북 정치 상황에 대해 이야기하며, 김정일의 이름까지 또박또박 발음했다. 잘생긴 데다 똑똑하기까지? 멋진 동행자가 되기에 충분하다.

···미지의 세상을 향한 첫걸음, 탕헤르

모로코 탕헤르에는 수많은 모로코인들이 먹잇감을 찾아 어슬렁거리고 있었다. 아직 물가를 익히지 못한 외국인들에게 후한 택시비를 뜯어내려는 속셈인지, 부르는 값이 모두 달랐다. 벌떼처럼 달려드는 모로코인들과 협상을 벌이던 저스틴이 내 가방까지 손에 번쩍 쥐고 택시에 올라탔다. 그를 믿어도 되는 걸까? 약간은 불안한 마음이 들기도 했지만, 낯선 모로코인에게 험한 꼴을 당하느니 잘생긴 저스틴에게 험한 꼴을 당하는 게 나을 것 같았다.

기차역에 도착한 후에도 그는 계속 내 가이드 노릇을 톡톡히 해냈다. "밤 10시에 출발하는 기차를 타면 아침 8시경에 마라케시에 도착한다고 하는데." 시계는 오후 7시를 가리키고 있었다. 기차역에서 대기해야 할 시간은 약 3시간. 나는 스탠딩 카페에서 차를 마시며 이 남자의 정체를 신중히 파악하기 시작했다.

마라케시에 도착했을 때 그가 예약해 놓은 호텔이 있느냐고 물었다. 나는 『론니 플래닛』에서 찾아놓은 저렴한 숙소의 이름을 댔다. 그곳은 메디나 안, 마라케시의 심장과도 같은 자마 엘프나 광장 옆에 위치한 싸구려 숙소였다. 택시를 타고 이동하는데 기사 아저씨가 물었다. "왜 꼭 그곳에 가려고 하는 거지? 나는 거기보다 더 좋은 곳을 수십 개나 알고 있는데."

밤이 되면 자마 엘프나 광장은 노천식당으로 변한다.

삐끼 작업의 시작이다. 나보다 마음의 여유가 있는 저스틴이 웃으면서 대꾸했다. "지나가다 더 좋은 곳이 있으면 안내하세요. 일단 한번 보죠." 택시 기사가 내려준 곳은 자마 엘프나 광장 끄트머리에 있는 비교적 깨끗한 타진 호텔이었다. 로비에 넓은 바도 있고 호텔 내부도 깨끗하다. 가격도 물론 훌륭했다. 싱글룸 250디램, 트윈룸 300디램. 저스틴이 조심스럽게 제안했다. "트윈룸을 함께 쓰면 가격이 정말 저렴할 텐데." 내가 결정을 내리지 못하고 망설이자, 그가 걱정하지 말라며 덧붙였다. "우린 그저 방

정육점에서 양고기를 산 뒤 돌아서는 할머니

을 나눠 쓰는 것뿐이야. 걱정하지 마. 난 여자친구가 있는 사람이라고. 난 그녀를 사랑해."

그리하여 나는 파란 눈의 남자와 3일 동안 트윈룸을 나눠 쓰기로 결정했다. 함께 방을 쓰기 때문에 놀러 나갈 때도, 밥을 먹을 때도, 술을 마실 때도 모든 것을 함께했다. 우리의 첫 목적지는 자마 엘프나 광장. 수백 개의 좌판이 깔려 있는 광장 사이를 히잡 쓴 여인들과 당나귀 수레가 부지런히 오가고 있었다. 이국적인, 너무도 이국적인 풍경에 반해 탄성을 내지르는 사이, 사람들이 하나둘 우리 곁으로 몰려들기 시작했다.

"투어할 생각 없어? 밥은 어디서 먹을 거니? 쇼핑 안 할래?" 그들에게 우리는 가난한 배낭여행자가 아니라 돈다발을 가득 짊어진 부자처럼 보이

는 모양이다. 나는 경계심을 늦추지 않고 저스틴의 뒤를 졸졸 따라다녔다. 몸에 힘이 잔뜩 들어가 있는 나와는 달리, 저스틴은 모든 면에서 태평하고 여유로워 보였다. 주머니에 잔돈을 잔뜩 준비해 두고 걸인들의 냄비에 짤랑짤랑 돈을 잘도 던져주었다. "돈만 뿌리기로 작정하면 절대 위험하지 않아. 그들이 원하는 건 돈이지 우리의 목숨이 아니거든." 저스틴이 윙크를 던졌다.

…거대한 앵벌이의 도시

모로코는 한마디로 거대한 앵벌이의 나라다. 처음엔 카메라 셔터만 눌러도 돈을 내라고 아우성치는 그들을 고운 시선으로 바라보기 정말 어려웠다. 나는 수동 니콘 카메라의 목줄을 힘껏 말아쥐고 긴장한 채 이국의 골목길을 뻣뻣하게 걸어다녔다. 온몸에 지나치게 힘을 많이 준 탓인지, 저녁나절에는 목뼈가 얼얼하게 아파왔다.

어릴 적 내게 여행은 자칫하면 목숨을 잃을 수 있는 〈인디아나 존스〉의 세계였지만, 어른이 된 후의 여행은 색다른 음식과 이국의 문명을 만끽하는 호화로운 사치가 되어 있었다. 그런데 모로코는, 어쩐지 내가 어릴 적 꿈꿨던 모험 놀이와 아주 흡사한 여행지처럼 느껴졌다. 식사 시간마다 양고기의 고릿한 냄새, 요구르트의 비릿한 맛과 싸워야 하고, 낙타처럼 동그란 눈을 가진 사람들과 눈싸움을 해야 하는 도시를 걷는 건 아주 두렵지만 흥미진진한 일이었다. 나는 때때로 이 도시에서 영영 빠져나갈 수 없을 것 같은 불안에 휩싸였다.

한낮의 자마 엘프나 광장은 동면에 들어간 곰처럼 조용히 웅크리고 있지만, 밤이 되면 기지개를 켜고 황홀하게 되살아난다. 곳곳에서 피어오르는 뽀얀 숯불 연기, 사람들의 와자지껄한 웃음소리, 삐끼들의 애절한 고함소리, 싸구려 도박판에서 들려오는 탄성과 환호.

광장을 빙 둘러싼 서양식 레스토랑에 앉은 외국인들은 우아하게 맥주를 들이켜며 그 모습을 관람한다. 마치 콜로세움의 특석에 앉아 전투하는 병사들을 지켜보는 군중처럼. 저스틴과 나도 그들과 마찬가지로 광장의 열기를 느끼며 맥주를 홀짝거렸다. 손에 열이 많이 나는 탓인지 맥주는 금세 미지근해졌다. 끈끈한 땀방울이 모로코의 밤하늘을 정신없이 날아다녔다.

···탕헤르를 떠나 리스본으로

다음날 새벽, 저스틴은 비행기를 타고 영국으로 떠났다. 전날까지 내 옆에서 조용히 잠들어 있던 남자가 사라지자 이상한 공백감이 찾아왔다. 나는 원래 저스틴이 떠난 후 항구도시 에싸웨라와 천 년의 고도 페스를 거쳐 다시 탕헤르로 돌아갈 예정이었지만, 웬일인지 모로코의 모든 것에 심드렁해졌다.

나는 이 나라 사람들의 눈빛에 끝내 익숙해지지 않았다. 도시의 골목을 돌아섰을 때, 나를 기다리는 것이 무엇인지 짐작되지 않는 도시를 걷는 기분은 조금 막막하다. 나는 〈레이디스 앤 젠틀맨〉의 카트린느 드뇌브가 골목 어귀에서 낯선 사람들에게 봉변을 당할 뻔한 에피소드를 기억하며 조심조심 도시의 밤공기를 가로질렀다. 그리움 때문인지, 원인을 알 수 없는 눈물이 계속 흘렀다. 저스틴과의 추억이 남아 있는 이곳에 더 이상 혼자 있고 싶지 않아졌다. 나는 남은 돈을 탈탈 털어 빨리 이 도시를 떠나기로 했다.

탕헤르행 4인용 침대칸에는 모두 여성 승객이 탑승해 있었다. 60세 생일을 즐기기 위해 이 도시에 왔다는 캘리포니아 출신의 나이 지긋한 여성 두 명, 모로코에 있는 남자친구 때문에 방금 힘들게 이별의 눈물을 쏟은 예쁜 프랑스 여자, 그리고 나. 나는 그들의 짐에 한 번 놀라고, 잠자는 모습에 한 번 더 놀랐다. 자기 몸보다 더 큰 슈트케이스를 끌고 들어온 60대 아주머니는 가방 안에서 베개와 이불, 잠옷을 꺼내 자기만의 침실을 꾸미기 시작했다. 그녀들은 밤이 이슥해지자 옷을 훌훌 벗고 흰 이불보를 둘둘 만 채 잠자리에 들었다. 누가 갑자기 문을 열고 들어올지 모르는데 아무렇지 않게 옷을 벗고 잠드는 그녀들이 나는 너무 신기해 보였지만, 그들에겐 옷도 제대로 갈아입지 않고 잠을 청하는 내가 오히려 더 이상해 보였을 것이다.

기차는 덜컹거렸고, 머리 위로 가려진 불빛이 끊임없이 새어 들어오고 있었다. 나는 원인을 알 수 없는 눈물을 흘리며 뜬눈으로 잠을 설쳤다. MP3에 담아놓은 '피터 폴 앤 메리'의 음악만이 유일하게 날 위로해 주는 것 같았다.

청색 어둠이 밀려나고 잘 마른 햇살 한줌이 쏟아지기 시작했다. 리스본의 아침이다. 새벽녘까지 쉬지 않고 달려온 버스는 유럽 대륙의 끝에 길쭉하게 붙어 있는 포르투갈로 어느새 나를 데려다놓았다. 순간 이동을 한 것처럼 아득했다. 스페인 세비야에서 바다로 난 길을 달려 도착한 포르투갈의 수도 리스본. 나는 이 도시의 이름을 발음하는 게 즐겁다.

브루마블 게임판에 주사위를 던지며 놀던 시절, 이 도시의 이름은 평생 닿을 수 없는 이상향의 끝처럼 아득하고 아련한 느낌이었다. 나는 그 이상향의 한 지점에 드디어 첫발을 내딛은 것이다. 리스본에 도착하자, 아틀란티스해의 비릿하고 짠 냄새와 끼룩거리는 갈매기 소리가 이방인의 가슴에 작은 감동을 드리운다.

오래전 호기심 많은 유럽의 모험가들은 바다의 끝을 보기 위해 이곳에 닻을 올리고 선원들을 끌어모았다. 이름 모를 낯선 대륙을 향한 출발지도 바로 이곳, 리스본의 항구였을 것이다. 지금은 광장 한가운데 서 있는 이름 모를 동상만이 전 세계를 손 안에 넣고 흔들었던 포르투갈의 영광스러운 한때를 조용히 읊조리고 있다.

나는 이 도시에서 기왕이면 바다가 보이는 방에 짐을 풀고 싶었다. 내 손엔 여행지에서 만난 여자가 건네준 명함 한 장이 소중하게 쥐어져 있었다. 싸고 전망 좋은 숙소의 전화번호가 담긴 명함 한 장을 쥐고 리스본의 아침 공기를 휘젓고 다녔다. 호스텔은 싸고 깨끗했다. 부엌도 있고, 와인을 홀짝거릴 수 있는 작은 응접실도 있고, 무엇보다 전망 좋은 테라스가 있다는 점이 가장 마음에 들었다. 바다로 난 창문을 활짝 열어젖히자, 내 눈에 쏟아져 들어오는 붉은색 지붕들. 낡고 빛바랜 붉은 지붕 사이로 저 멀리 갈치 비늘처럼 은빛으로 반짝이는 아름다운 바다가 보였다. 어릴 적 침대 맡에서 읽었던 탐험가들의 전기, 손가락 사이로 팔랑팔랑 넘어가던 책갈피의 감촉이 고스란히 되살아났다.

···노인들의 슬픈 연가

나는 서유럽에서 의외의 감동을 느껴본 적이 별로 없다. 기대했던 그만큼의 아름다움, 그만큼의 친절. 관광객들은 잘 꾸며진 남의 집 정원과 성당을 보기 위해 비싼 대가를 치르지만, 그곳에서 얻는 것은 교과서에서 강조했던 역사의 익숙한 확인 이상은 되지 못한다. 돈을 낸 만큼 느낄 뿐

포르투갈의 전차 소리는 앨리스의 나라로 안내해 주는 마법의 주문 같다.

이다.

 포르투갈은 그런 관광지와는 조금 다른, 뭐랄까 내버려진 아름다움을 갖고 있었다. 예쁜 정원이 아니라 버려진 초원 같은 무신경함. 손님을 맞기 위해 부지런히 청소해 둔 집이 아니라, 아무 때나 찾아갈 수 있는 조금 지저분한 동네 다방 같은 느낌. 나는 이런 포르투갈의 방치된 아름다움이 마음에 들었다. 여행지에서 오랜만에 생활의 냄새를 맡은 것이다.

 나는 일단 구시가로 걸어가 오래 앉아 있기로 했다. 구시가로 가기 위해선 낡은 전차를 타야 한다. 철커덕 철커덕, 구부러진 레일 위를 지나갈 때마다 낡은 전차의 울부짖는 소리가 요란하게 울려퍼진다. 종소리에 뒤섞여 화음을 이루는 그 소리가 사뭇 청아하게 들린다. 그것은 흡사, 앨리스의 나라로 떠나는 신기한 마법의 주문처럼 느껴졌다.

 주문을 외우자 나는 파두 공연장 한켠에 조용히 앉아 있다. 포르투갈산 와인을 앞에 두고, 파두의 애절한 목소리를 듣는다. 공연장의 분위기는 조금 독특하다. 파두를 부르는 사람은 아름다운 여성이 아니라 저물어가는 태양 같은 얼굴을 한 할머니와 할아버지다. 그들은 장롱 속에 오래 묵혀두었던 꼬깃꼬깃한 양복을 입고 나와 옛 시절의 화려함을 기억하는 눈빛으로 아련하게 노래를 읊조린다. 떨리는 목소리와 짙은 담배 연기가 좁은 레스토랑의 무거운 공기 사이에서 무신경하게 뒤섞인다. 그 공기를 쓸어 담으면, 진한 보드카 한 잔이 만들어질 것 같다.

 나는 세 잔의 와인을 연거푸 마시며 그 나라의 가요무대 같은 파두 공연을 넋 놓고 지켜봤다. 공연이 끝나자 가수는 무대에서 내려와 낡은 CD

를 들고 테이블 사이를 부지런히 돌아다녔다. 성냥팔이 소녀가 간절히 성냥을 팔듯 "CD 사세요!"를 외치며 돌아다니는 흘러간 가수의 모습은 파두 공연보다 훨씬 서글프다. 한때는 그럴싸한 무대 의상을 입고 조명 아래서 노래를 불렀을 그들. 나는 추억의 한 끝을 만진 것처럼 아련한 눈빛으로 그들의 움직임을 좇았다.

…생애 첫 프러포즈를 포르투갈에서 받다니!

다음날 나는 포르투갈 여행의 필수 과제를 해치웠다. 바로 유럽 대륙의 끝을 보러 가는 일 말이다. 아침 일찍부터 부지런을 떨며 로카 곶으로 가는 기차에 올라탔다. 땅 끝에는 사진에서 익숙하게 보았던 그 유명한 십자가 석상이 바다를 향해 당당히 서 있었다. 바다는 물론 이곳이 유럽 대륙의 끝이라는 것을 가르쳐주지 않지만, 그곳에 모인 사람들은 모두 감격스러운 눈빛으로 대륙의 끝을 바라봤다. 나도 그 바다를 오래 응시했다. 모든 사람들이 절벽을 따라 이어진 긴 나무 난간을 품에 앉고 정지된 화면처럼 서 있었다. 내 옆에서 오래도록 바다를 지켜보던 여자가 말했다.

"난 세계 지도를 보지 않고 지도를 그릴 수 있는 사람이 되고 싶어요. 그게 제 꿈이에요. 이 해안선을 모두 기억할 거예요."

저기 보이는 절벽을 따라 울퉁불퉁하게 뻗어 있는 해안선은, 그러니까 세계 지도의 한 면을 장식하고 있는 바로 그 모서리의 일부였다. 바다의 끝에는 남미의 바다가 넘실대고 있을 것이고, 그 대륙에는 유럽과는 또 다른 세상이 펼쳐지고 있을 것이다. 상상력을 펼치자 모든 것이 감격스러워진다.

유럽 대륙의 끝을 보고 돌아오는 길. 모든 해안선이 예사롭게 보이지 않는다. 그것은 세계지도의 일부다.

나는 기대보다 훨씬 흥미로운 나라 포르투갈에서 예정보다 오래 머물기로 했다. 누군가 이곳에는 리스본보다 아름다운 도시가 많다고 이야기해 주었기 때문이다. 나는 목적지를 정하지 않고 매일 버스 터미널로 향하는 짓을 반복했다. 시간이 맞는 차를 타고 아무 곳에나 가는 기분은 적당히 스릴 있고 신선했다.

카를로스는 아무 계획 없이 버스 터미널에 앉아 있던 내게 말을 걸어 온 수다스러운 포르투갈 남부 남자였다. 어딘가를 향해 빠르게 지나치던 이 남자는, 뭔가를 발견한 사람처럼 뒷걸음질을 쳐 내 앞에 다시 멈춰 섰다. "너, 일본 사람 맞지?" "아니. 한국 사람인데." "그래? 난 네가 분명 일본 사람인 줄 알았는데. 넌 내 다섯 번째 부인과 닮았거든."

그는 주머니에서 주섬주섬 아이 사진을 꺼냈다. 동양인의 피가 흐르는 서양 아이가 방긋 웃고 있었다. "베리 큐트!" 그는 내 칭찬을 "가와이"라는 일본어로 고쳐 말했다. 그는 일본어와 영어를 섞어 쓰며 내 앞에서 실컷 재롱을 떨기 시작했다.

그는 만담꾼처럼 이야기를 재미있게 하는 법을 알고 있었다. 내가 다섯 번째 부인이라는 말에 화들짝 놀라자, 넌 결혼을 몇 번 해봤냐고 물었다. 한 번도 하지 않았다고 하자, 그럼 남자친구는 있느냐고 캐물었다. 나는 남편도 없고 남자친구도 없다고 대답했다. "아니 왜 그 나이에 남자 친구 하나 갖지 못한 거지? 난 네가 마음에 드는데 그렇다면 네가 나의 여섯 번째 부인이 되어주지 않을래? 이건 진심이야!"

나에 대해 아무 정보도 갖지 않은 남자가 보내온 뜻밖의 프러포즈. 나는 이 정체불명의 남자를 향해 기쁘지도 슬프지도 않은 뜻 모를 미소를 보냈다. 한국에서 프러포즈는 아주 엄숙한 것이어서 긍정의 대답을 확신하기 전까지 남자는 섣불리 평생을 건 제안을 꺼내지 않는다. 그래서일까. 나는 그제야 서른여섯 해가 되도록 아직 한 번도 프러포즈를 받아본 적이 없다는 사실을 퍼뜩 깨달았다. 덕분에 이 정체불명 남자의 제안에 숨이 막혔다. 내 생애 최초의 프러포즈를 낯선 포르투갈 땅에서 받게 되다니!

그는 포르투갈 남부 도시인 파로Faro에서 레스토랑을 운영하는 요리사였고, 그의 집안은 큰 와인 공장을 갖고 있다고 했다. 모로코에서 만난 저스틴이 자신이 가본 도시 중 가장 아름다웠다고 칭찬했던 바로 그곳. 맑고

깨끗한 바닷가에서 맛있는 생선요리와 와인을 벗 삼아 유유자적하며 사는 것도 그리 나쁘지 않을 거라는 생각이 들었다. 나는 잠시 황홀한 기분에 젖었지만, 내 귓가에 불현듯 경계경보가 울리기 시작했다.

'여섯 번째 부인으로 몇 년을 살다가 버려지는 기분을 맛보고 싶진 않다! 마지막 부인이라면 모를까, 여섯 번째 부인은 싫어!'

…포르투 강변에선 오직 나만을 위한 식탁을

나는 물론 이번 여행에서 남부 포르투갈에 가지 않았다. 예정된 여행 날짜가 얼마 남지 않았고, 카를로스를 만나 사랑을 불태우고 싶은 마음도

없었기 때문이다. 대신 내가 찾은 곳은 포르투갈에서 가장 야경이 아름다운 도시인 북부 포르투였다. 포르투갈에서 세 시간 거리에 있는 포르투는 달콤한 포트와인의 고장으로 유명한 곳이다. 달짝지근하면서도 제법 알코올 도수가 센 포트와인은, 포르투갈 사람들의 저녁 식탁에 빼놓을 수 없는 사랑의 묘약이다. 한 모금 들이키자, 달콤한 악마가 내 안으로 다정하게 스며드는 느낌이 들었다.

그 맛의 비밀을 캐기 위해 부랴부랴 와이너리 투어를 신청했다. 포르투 강변에 고고하게 서 있는 와인 공장들은 포트와인이 만들어지는 과정을 보여주고 간단한 시음회를 열어주는 대가로 3유로를 받았다. 고급 와인을

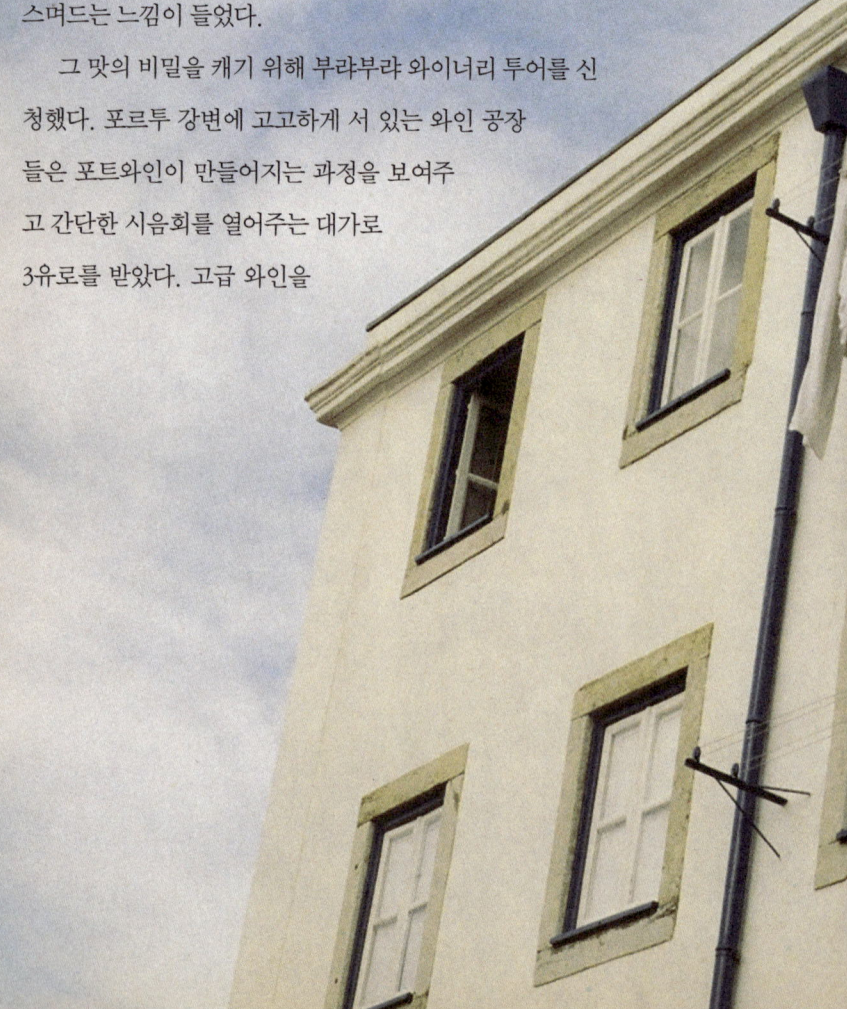

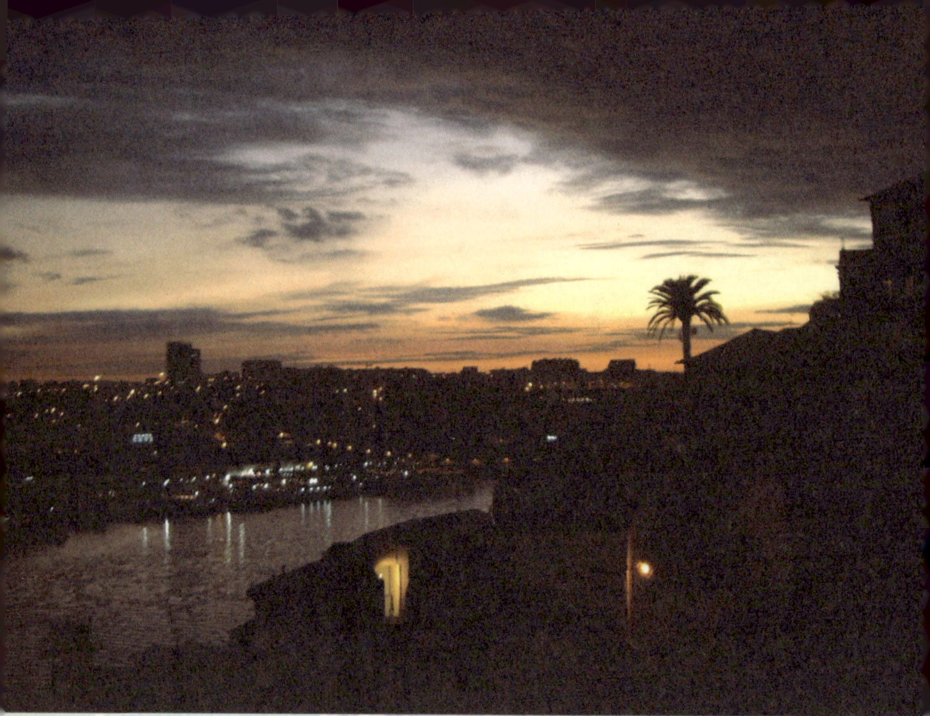
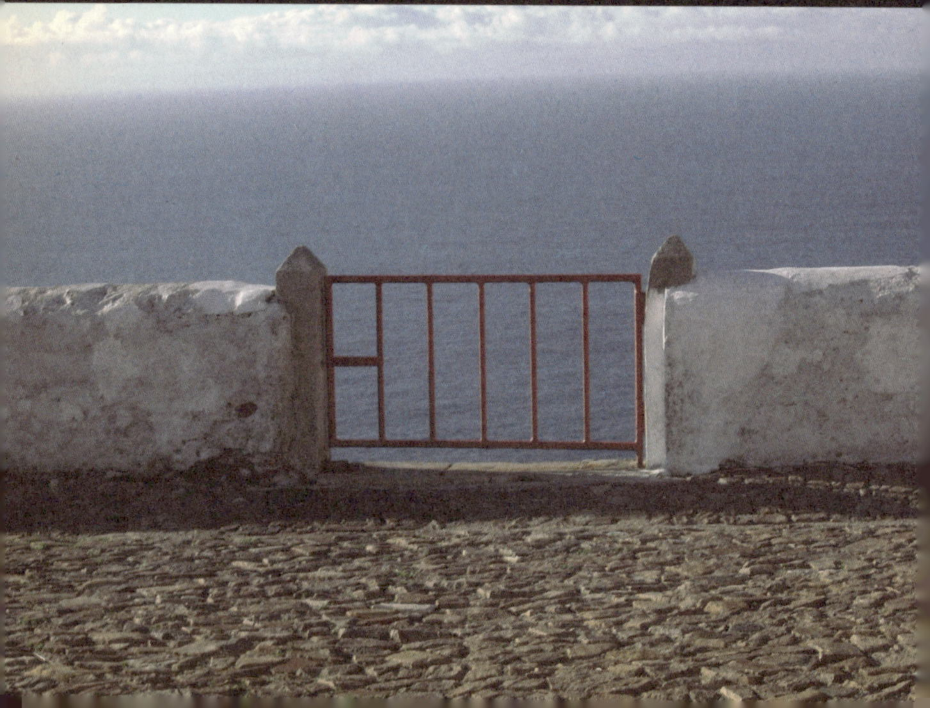

맛볼 수 있는 대가치고는 비교적 싼 가격이다. 와인을 한 모금 입에 넣자 끈적끈적한 피를 삼킨 것처럼 단맛과 쓴맛이 입천장에 얇은 막을 이루며 들러붙었다. 처음엔 단 맛이 너무 센 것 같아 얼굴을 찡그렸지만, 이내 그 맛에 취해 홀짝홀짝 세 잔의 와인을 연거푸 비웠다. 포트와인은 각종 음식 맛으로 더럽혀진 혀를 정리해 주는 디저트 와인으로, 입 안에 꽃향기를 드리우는 아름다운 술이다. 한 모금 삼켰을 때 내 입 안에서 활짝 피어난 장미꽃들은 2, 3분이 지난 후 그제야 꽃봉오리를 접고 우아한 향기가 되어 돌아왔다. 섹시한 여자의 앙탈 맞은 내숭처럼.

그날 저녁, 나는 오랜만에 포르투 강변에서 우아한 저녁을 먹었다. 포르투갈의 명물요리라는 잘 구운 대구와 야채 수프! 서울에서라면 생선 반찬에 불과한 대구요리를, 나는 세심하게 칼끝으로 잘라내어 한입씩 우아하게 베어먹었다. 붉게 물든 와인 잔에 얇은 대구 가시가 자꾸 들러붙었다. 이 요리를 먹기까지 너무 오랜 시간을 기다렸기 때문인지 맛은 상상을 초월할 만큼 깊고 오묘했다.

한국에선 손님이 많이 드는 시간, 종업원이 먼저 밥을 먹는 일 따윈 상상하기 어렵다. 하지만 그들은 허기 진 배를 움켜쥐고 테이블에 앉은 손님에게 아무렇지 않게 이렇게 말한다. "지금은 우리의 식사 시간이니 한 시간 정도 기다려줄 수 있겠습니까?" 기다리지 못할 거라면 다른 데로 가도 상관없다는 표정이다. 나는 물론 참고 기다렸다. 다른 집도 사정은 마찬가지라는 것을 알고 있었기 때문이다. 덕분에 예쁜 조명으로 치장된 포르투의 강변을 눈치 보지 않고 실컷 즐길 기회를 얻은 셈이다. 테이블 회전 따위는 신경 쓸 필요가 없다. 지금 내가 앉은 테이블은 오늘밤 오롯이 나를 위해 주어진 것이다. 누군가에게 빨리 비워줄 필요가 없는 테이블을 가진 것만으로도, 나는 세상을 다 가진 것처럼 기분이 좋아졌다.

Single Traveler's Route
:: 스페인, 모로코, 포르투갈

스페인 마드리드 IN ➡ 코르도바 ➡ 그라나다 ➡ 말라가 ➡ 알헤시라스 ➡ 모로코 탕헤르 ➡ 마라케시 ➡ 자뎅 마조렐, 모스크 투어 ➡ 사막투어 ➡ 페스 ➡ 스페인 세비야 ➡ 포르투갈 리스본 ➡ 신트라, 로카 곶, 카스카이스 ➡ 오비도스 ➡ 포르투 ➡ 스페인 마드리드 OUT

※예상 경비 : 2주 약 180만 원

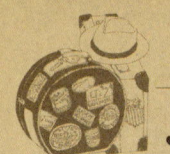

최고의 코스
Must do item 10

#1. 스페인 바르에서 세르베사와 비노에 취해보기

스페인에선 아주 일상적인 영어 단어가 통하지 않을 때가 많다. 시골 바르 bar에선 비어beer나 와인wine처럼 쉬운 단어도 쉽게 블랙홀에 빠져든다. 맥주는 그네들 언어로 '세르베사', 와인은 '비노'. 30분 동안 '비어'를 외쳤다가 진이 빠진 경험을 한 후로 나는 스페인어 교본을 뒤적거려 두 단어를 확실히 외워두었다. 스페인 바르는 간단한 저녁식사와 술, 음료수를 마실 수 있는 동네 사랑방 같은 곳. 맥주 한 잔을 시키면 간단한 안주가 곁들여 나온다. 나는 맥주를 시킬 때마다 새로운 안주를 내주는 것이 나에 대한 특별대우인 줄 착각해 매일 밤 같은 바르에서 맥주를 마셨다. 나중에 알고 보니 맥주 한 잔에 새로운 안주(타파스)를 내주는 건 스페인 바르의 '법칙'이라고 한다.

#2. 마드리드 시내에서 취향대로 놀기

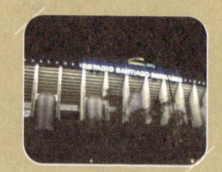

스포츠를 좋아하는 사람이라면 레알 마드리드 전용 경기장(산티아고 베르나베우)을 방문하거나 라스 벤타스 투우 경기장에서 정열의 스포츠 투우를 관람하자. 축구 경기 일정은 인터넷 www.realmadrid.com 에서 미리 확인할 수 있다. 예매를 하지 못했다면 공연 3시간 전 경기장에 미리 도착해 표를 구입하자. 가격은 50유로 안팎. 투우 경기는 3월부터 10월까지 열리며 경기장과의 거리, 햇살 가리개 유무에 따라 가격이 달라진다. 또한 세계 3대 미술관 중 하나인 프라도 미술관과 피카소의 〈게르니카〉가 있는 소피아 미술관을 놓치지 말 것. 규모가 크기 때문에 하루를 오롯이 투자해야 그림을 제대로 감상할 수 있다.

#3. 집시의 춤, 플라멩코 즐기기

플라멩코는 언뜻 투우와 비슷하다. 두 손을 높이 치켜든 무용수가 "올레"를 외치며 파세오(첫 동작)를 시작한다. 발 구르는 소리가 요란하게 울려퍼지고, 무희가 주름치마를 아래위로 휘두르며 조개 모양의 타악기를 두드린다. 휘몰아치는 폭풍 같은 순간이 지나면, 요염하면서도 애절한 노래가 이어진다. 기타를 연주하며 노래를 부르는 가수의 허스키한 목소리는 울음소리보다 구슬프다. 오르가즘에 다다른 연인들처럼 요염하게 노래와 한숨을 주고받는 사람들. 박수와 발 구르는 소리, 캐스터네츠와 기타 소리가 뒤섞여 절정에 다다랐을 때, 무희는 고개를 들고 끝맺음 동작 데즈프랑테를 한다. 호텔 리셉션에 문의하면 칵테일 또는 음료를 마시며 관람할 수 있는 플라멩코 공연을 소개해 준다. 가격은 약 25유로.

#4. 자마 엘프나 광장에서 현지식 즐기기

마라케시 메디나 안의 광장은 밤이 되면 멋진 노천식당으로 변한다. 수백 개의 음식점이 다닥다닥 붙어 있는 이곳은 손님을 채가기 위해 목소리를 높이는 삐끼들로 연일 시끄럽다. 모로코 현지식을 현지인과 함께 즐기고 싶다면 광장 근처의 근사한 레스토랑이 아니라 바로 이곳, 지극히 서민적인 시장에서 한 끼를 반드시 먹어봐야 한다. 모로코식 양고기 꼬치구이는 향이 좀 진하지만 우리 입맛에 잘 맞는다. 그밖에 모로코인들의 점심식사인 쿠스쿠스Couscous, 닭고기와 강낭콩으로 만든 전통요리 따진Tarjin도 꼭 맛봐야 한다.

#5. 사하라 사막에서 낙타와 함께 춤을

모로코 여행의 핵심은 사막 투어다. 마라케시는 사막 투어의 기점이 되는 곳으로, 우체국 뒤편에 있는 호텔 알리Hotel Ali에서 사막 투어에 관한 자세한 정보를 얻을 수 있다. 사하라 사막의 초입에서 간단히 기분만 내고 돌아와도 되지만, 시간이 넉넉하다면 낙타를 타고 사막 한가운데로 진출해 보자. 가격은 600~1200디램(한화 7만3천 원~14만5천 원). 사막 투어를 하면서 페스로 이동하는 것도 가능하다. 페스는 모로코 최대의 염색 공장이 있는 미로의 도시. 사막을 통과해 천년의 고도 페스에 도착하는 것은 꽤나 운치 있는 일이다.

#6. 동화의 마을, 오비도스 둘러보기

포르투갈에서 절대 놓쳐서는 안 될 관광지는 단연 그림처럼 예쁜 오비도스Obidos. 리스본에서 반나절이면 다녀올 수 있는 이곳은 기념품 가게와 작고 아담한 성곽, 소박한 골목과 예쁜 집들이 옹기종

기 모여 있는 작고 아름다운 마을이다. 오비도스에 가고 싶다면, 일단 지하철을 타고 캄포그란데 역으로 향해야 한다. 캄포그란데는 포르투갈 축구 경기장이 있는 곳으로 유명하다. 캄포그란데 출구로 나와 왼쪽으로 돌면 버스 정류장이 나온다. 길을 절반만 건너 tejo 정류장에서 오비도스행 버스를 탄다. 버스 시간표는 사이트 www.rodotejo.pt에서 확인 가능. 요금은 편도 6유로. 소요 시간 1시간 10분. 1~2시간에 한 대 꼴로 버스가 다니니 유의하자.

#7. 리스본 관광 3종 세트, 하루 만에 완주하기

신트라–로카곶–카스카이스를 하루 만에 돌아볼 수 있다. 조금 빡빡하긴 하지만 아침 일찍 움직인다면 그리 무리한 일정은 아니다. 리스본에서 신트라행 기차를 타고 무어인의 요새가 있는 신트라에 도착. 페나성을 방문하고 유럽 대륙의 끝 로카 곶에서 머리를 식힌 후 카스카이스 해변에서 저녁을 먹으면 리스본 근교 여행 하루 코스 완성.

리스본–기차, 40분 소요 → 신트라 역–434번 버스, 15분 소요 → 무어인의 성터 및 페나성–434번 버스, 15분 소요 → 신트라 역–403번 버스, 30분 소요 → 로카곶–403번 버스, 30분 소요 → 카스카이스 역–기차, 40분 소요 → 리스본

#8. 리스본 시내에서 파두 관람

파두는 포르투갈식 선술집에서 흘러나오는 한 많은 노랫가락이다. 연주자의 설명에 따르면 파두는 포르투갈 대항해 시대에 뱃사람이 가족을 그리워하며, 가족은 소식 없는 뱃사람을 그리워하며 부르기 시작한 음악이라고 한다. 파두는 운명을 뜻하는 라틴어 파툼Fatum에서 유래한 말. 기타나 만돌린과 함께 연주하며, 포르투갈의 민속혼을 대변하는 음악답게 듣다 보면 마음 한구석이 얼얼하게 아파온다. 하지만 이보다 더 서글픈 것은 오래된 음악으로 먹고 사는 나이 지긋한 파두 연주자들. 그 옛날의 영화를 애써 붙잡으려는 그들의 눈동자에는 금방 흘러내릴 것 같은 눈물이 맺혀 있다.

#9. 포트 와이너리 방문하기

포르투 강변에는 서너 개의 포트 와이너리가 모여 있다. 투어 가격은 2~3유로. 내가 이용한 투어는 칼렘Calem 투어인데, 와인을 아낌없이 주고 구매도 권하지 않아 마음 편히 투어를 즐길 수 있었다. 포트와인은 와인에 브랜디를 첨가한 것으로 달달하면서도 알코올 도수가 센 것이 특징. 영국 상인들이 선박으로 와인을 운반할 때 쉽게 상하는 것을 막기 위해 도수가 센 브랜디를 첨가하면서 만들어졌다. 우리나라 사람들이 처음 접한 와인도 바로 이 달달한 포트와인이다.

#10. 포르투 강변에서 바칼랴우 맛보기

포르투 강변은 파리 센 강변보다 아름답다. 작고 아담한 강가에 앉아 저녁노을을 바라보며 와인 한 잔과 바칼랴우를 맛보는 것은 지극히 낭만적인 포르투 여행법이다. 대구에 특제 소스를 듬뿍 뿌려 오븐에 구운 바칼랴우는 포르투갈 최고의 전통 요리. 포르투의 아름다운 야경을 바라보며 대구 한 점을 입에 넣으면 정신적 포만감이 두둑해진다.

Walkway 2.
와인에 취해, 예술에 취해

프랑스 샹파뉴부터 부르고뉴까지

와인을 마시는 것은 정신을 이완시키는 일이다.

나는 예술가를 매혹시킨 풍경 그 자체로 걸어 들어가 피처럼 붉은 와인을

홀짝거리고 싶었다······.

…일생에 한 번쯤은 파리지앵처럼 살고 싶었던 거야

"왜 여자들은 파리를 사랑하는 거지? 파리는 지저분하고 위험하고 불친절한 도시잖아. 파리는 아름다운 야경을 뒤집어쓴 빈껍데기 같은 곳이야."

서른 살 무렵 다니던 회사를 때려치우고 파리로 떠난다고 했을 때 친구는 혀를 끌끌 차며 이렇게 말했다. "왜 하필 파리니?" 그의 말 속엔 파리에서 한 달 산다고 파리지앵이 되는 건 아니라는 얄궂은 비난이 담겨 있었다. 맞는 말이다. 하지만 내가 원하는 건 그저 낯선 곳에서 내 멋대로 살아보고 싶은 것이었고, 기왕이면 장 뤽 고다르의 〈네 멋대로 해라〉의 주인공들이 걸었던 샹젤리제 거리를 폼 나게 걷고 싶었다. 사실 그곳이 파리여도

좋고, 뉴욕이어도 좋았다. 핸드폰이 통하지 않는 곳이라면 어디든 오케이. 나는 한국 땅에서 멋지게 뽕 하고 사라지고 싶었다.

파리에서 아파트 하나를 빌려 한 달간 아무 일도 하지 않고 살아보겠다는 꿈은 곧 실천에 옮겨졌다. 서른 살 무렵은, 그러니까 안정된 피라미드처럼 잘 축조되어 있는 내 삶을 아무렇게나 흐트러뜨리고 싶은 반란의 시기였다. 남들이 일주일이면 다 돌아볼 그곳을 나는 한 달 동안 아주 천천히 돌아보았다.

매일 아침 일어나면 하루에 딱 하나의 목적지만 정해놓고 길을 나섰다. 한 달 동안 22개의 미술관과 수십 개의 카페와 지도에도 잘 나오지 않는 거리를 걸어다니는 일은 생각보다 흥미롭고 근사했다. 지하철도 버스도 타지 않았다. 내가 머물던 곳은 에펠탑 근처의 작고 소박한 동네였는데, 그곳에서 네다섯 시간을 걸어 몽마르트 언덕까지 간 뒤 다시 그 정도의 시간을 들여 집으로 돌아왔다. 지칠 때까지 걸어 집에 돌아오면 몸이 달리의 시계처럼 축 늘어졌다. 나는 주유소에서 기름을 넣듯 목구멍에 대충 밥을 밀어넣고 다시 집 밖으로 기어나왔다.

센 강 북쪽에 길쭉하게 뻗어 있는 오솔길을 따라 자유의 여신상이 보이는 그르넬 다리까지 걸어가는 저녁 산책길. 1시간가량 파리의 밤을 만끽하다 돌아오면 몸이 다시 카드로 만든 집처럼 가볍게 허물어졌다. 오랫동안 정신을 학대하며 살아왔기 때문인지 몸을 학대하는 기분은 그리 나쁘지 않았다. 내 몸은 한 달 동안 점점 가늘고 길쭉하게 말라가고 있었다.

파리에서 한 달을 살아본 후부터 나는 파리를 제2의 고향처럼 생각하게 되었다. 유럽에 출장 갈 일이 있으면 어김없이 파리에 들러 내가 살던 동네를 천천히 걸어다녔다. 몇 백 년간 아무 변화 없이 모든 게 그대로인 지루한 동네였으므로, 1~2년쯤은 시간의 흐름을 느낄 어떤 흔적도 남기지 않았다. 서울 도심에 늘어선 가게들이 아구찜 가게에서 삼겹살집으로 부지런히 업종 변경을 신청하는 사이, 파리에 있는 그곳은 어제가 오늘 같고 오늘이 어제 같은 시간을 처연하게 지키고 있었던 셈이다. 생각만으로도 근사하다.

    몇 년이 흘러도 변치 않는 거리를 걷는다는 건 시간의 굴곡 사이를 거슬러 오르는 것처럼 묘한 흥분을 안겨준다. 왼쪽 골목길로 접어들어 네 발자국 지나면 아랍 상점이 나오고, 다시 우회전을 하면 생선 가게와 치즈 가게가 나온다. 내 머릿속에 그려져 있는 골목길의 풍경이 고스란히 재현되는 건 생각보다 훨씬 새롭고 신선하다. 서울의 내 방에 앉아 있을 때도 나는 가끔 그 동네의 풍경을 상상한다. 내가 서울에서 부지런히 돈벌이에 열을 올리는 동안, 라 모트 피케 역 근처 생선 가게의 무스타파 아저씨는 부지런히 생선을 손질하며 생활의 흔적을 묻혀가고 있을 것이다. 그런 생각을 하면 가끔 가슴이 먹먹해진다. 내가 상상할 수 있는 세상이 한 뼘쯤 넓어진 느낌이다.

    파리 외곽으로 여행을 떠나겠다는 생각은 파리가 지겨워서가 아니라 상상할 수 있는 세상의 범위를 좀 더 넓혀보고 싶다는 야무진 꿈에서 비롯되었다. 나는 파리의 쓴 커피와 와인에 흠뻑 빠져 있었기 때문에 제대로 된 와인을 맘껏 마셔볼 수 있는 곳으로 다시 한 번 긴 여행을 떠나보고 싶

몽마르트 언덕에서 만난 거리 예술가. 가만 보면 그림보다 체스에 더 정신이 팔려 있다.

에펠탑은 파리의 모든 창문에서 보이는 것이 아니다.
하지만 내 숙소 창문에선 매일 밤 에펠탑이 광선 축제를 벌였다.

었다.

 욕망은 우연한 기회에 찾아왔다. 서울에서 와인 바 순례를 부지런히 다니던 어느 날, 나는 불현듯 프랑스로 와인 여행을 떠나보고 싶다는 발칙한 꿈을 꾸기 시작했다. 보르도에서 와인 공부를 하고 돌아온 한 선배가 술자리에서 부지런히 쏟아내는 와인에 대한 지식이 꽤나 근사해 보였기 때문이다. 아니, 그 이야기를 할 때 선배의 표정이 너무 행복해 보였기 때문이다. 와인은 달콤한 피처럼 내 안에 깊이 수혈되었다.

···오베르 쉬르 우아즈에서의 대화

 파리에 도착한 시간은 새벽 6시. 나는 숙소에 짐을 풀자마자 여독을 풀 생각도 하지 않고, 고흐가 3개월 동안 머물며 78점의 그림을 쏟아냈다는, 그래서 지금은 고흐의 마을로 더 유명한 오베르 쉬르 우아즈행 기차에 부지런히 올랐다. 나는 오베르 쉬르 우아즈 전 역인 메리 쉬르 우아즈에서 내려 지붕 위에 낮게 깔려 있는 구름을 만지며 걷고 있었다. 손만 쭉 뻗으면 만져질 것 같은 하늘이 거기 있었으므로, 고흐의 밀밭을 향해 가는 길은 단조롭지도, 외롭지도 않았다.

 40여 분을 터덜터덜 걸어 밀밭 위의 교회에 다다랐을 때, 한 프랑스 남자가 손을 흔들며 내게 인사를 건네왔다. 롤랑이었다. 머리가 살짝 벗겨진 46세의 롤랑은 오래전 일본 여자와 사귄 적이 있다며 동양 여자를 보면 항상 그녀 생각이 난다고 했다. 나는 롤랑이 사귀었다는 일본 여자와 꽤나 닮은 모양이었다. 동양인을 구별하는 법을 잘 알지 못하는 그들로서는, 검

새벽 기차를 타기 위해 정신없이 뛰다가 문득 주변을 돌아보았다. 모든 것이 고요하다.

머리를 질끈 동여맨 여자들이 다 거기서 거기처럼 보이는 게 당연하다.

　오베르 쉬르 우아즈는 명성에 비해 지나치게 조용한 마을이었다. 롤랑은 나에게 그 길을 함께 걷자고 말했다. 그는 영어를 할 줄 몰랐고, 나는 프랑스어를 할 줄 몰랐다. 하지만 우리는 몇 마디의 프랑스어와 일본어와 영어를 섞어가며 긴 대화를 나눴다. 그에게 파리는, 내가 느끼는 파리보다 훨씬 멀었다. 오십 평생을 사는 동안, 그는 자기가 사는 동네를 딱 두 번 벗어나 보았다고 했다. 충청남도 산골에서 태어난 우리 친척 할아버지가 그랬던 것처럼. 그는 여행을 즐기는 타입이 아니었지만, 이날만큼은 다섯 살 꼬마 아이처럼 내내 들떠 있었다. 나는 프랑스 사람들이 지독한 여행중독자일 거라 생각하며 살아왔는데, 자연 속에 틀어박혀 사는 프랑스인을 만나자 기분이 조금 이상해졌다. 지구 곳곳에는 참 아무렇지 않게 특별한 삶을 사는 사람들이 많다.

　짧은 산책을 마치고 돌아서는 길, 내 뒤통수 너머로 그가 오랫동안 손을 흔들고 서 있는 게 보였다. 헤어지기 싫은 연인을 돌려보내는 것처럼, 그는 안타까운 미소를 지으며 오래 손을 흔들고 있었다. 나는 질끈 동여맨 머리카락을 말총처럼 흔들어대며 잘 가라는 신호를 보냈다. 고흐의 밀밭 길을 걸어 올라가는 동안, 나는 다시 한 번 이상한 감흥에 젖었다. '그런데 이상하다? 우리는 도대체 어느 나라 말로 대화를 한 것일까?' 그와 대화를 나누는 동안 나는 한 번도 그의 이야기를 이해하지 못한 적이 없었던 것 같다. 다른 언어를 사용하고 있다는 것조차 의식하지 못했다. 그는 혹시 새나 나무와 대화를 하듯, 내게도 같은 언어로 말을 걸어온 것일까? 밀밭

고흐의 마을로 유명한 오베르 쉬르 우아즈에서 만난 아이들

부유한 파리지앵의 여름 휴양지답게 생말로에는 멋진 요트가 많다.

의 수런거림이 샹송 가수의 목소리처럼 부드럽게 귓속을 파고들었다.

···생말로에서 완벽하게 혼자인 나와 마주하다

에릭 로메르의 〈녹색광선〉을 보면 프랑스인이 여름휴가에 대해 갖고 있는 생각을 어렴풋이 짐작할 수 있다. 영화의 주인공 델핀느는 함께 여름휴가를 떠날 친구를 찾지 못해 시종일관 우울하다. 여기저기 전화를 걸어 여름휴가를 같이 가자고 재촉하지만 시간이 맞는 친구는 아무도 없다. 친구들은 모두 애처로운 목소리로 자신들은 연인 혹은 가족과 함께 휴가를 보낼 계획이라고 말한다. 그녀는 완벽하게 혼자다.

프랑스에선 혼자 코스 요리를 먹는 것이 유난히 슬프고 우울하게 느껴진다. 프랑스 사람들에게 요리는 단순히 먹는 행위가 아니라 사교를 위한 모임이다. 혼자 전채요리부터 디저트까지 우아하게 한 상 차려놓고 먹고 있으면, 옆 테이블에 앉은 커플들이 안쓰러운 표정으로 내 모습을 흘낏거리는 것이 느껴진다. 친구들에게 따돌림 당하는 모양이라며 안쓰러워하는 기색이 역력하다. 이런 분위기이니 긴 휴가를 혼자 아무 연고도 없이 떠나는 것은 우울하고 슬픈 사건임이 분명하다. 아니, 그런 모양이다.

나는 생말로에서 델핀느처럼 완벽하게 혼자였다. 부유한 파리지앵의 여름 쉼터인 생말로는 조용하고 감미로운 밀어의 도시다. 야외 카페와 벤치에 일찌감치 자리를 잡은 사람들은 총천연색으로 멋을 낸 샐러드와 스테이크를 앞에 놓고 낮은 목소리로 수다를 즐기고 있다. 바닷가 고성을 따라 연인들이 길을 훑는다. 세상이 모두 홍수에 잠겨 오직 한 곳만 삐죽하게 솟아오른다면, 나는 바로 이 성벽 안에 조용히 갇히고 싶다고 생각한다. 물과 하늘과 인간이 하나로 합쳐진 것 같은 느낌을 받을 수 있는 곳은 그리 많지 않을 테니까.

그 길을 혼자 걷고 있을 때, 술 취한 프랑스 젊은 총각들이 말을 걸어왔다. 하이네켄 병이 모래사장 위에 겹겹이 세워져 있었다. 대낮에 이미 취하셨군. 나는 그들의 손짓을 애써 무시하며 도도하게 걸음을 재촉했다. 그들이 집요하게 다시 말을 섞었다.

"헤이, 우리와 같이 놀지 않을래? 우리에겐 맥주도 있고, 과자도 있고, 담배도 있어. 생말로에서 혼자 노는 건 너무 슬픈 일이야."

역시나 그들은 혼자 있는 나의 외로움을 걱정하고 있었다. 지구상에서 가장 개인주의가 발달한 프랑스 사람들도, 어떤 순간만큼은 혼자라는 느낌을 극도로 꺼려한다. 그들은 묻는다. "네 남자친구는 어디에 있니?" "난 남자친구가 없는데." "몇 살인데 아직 남자친구 하나 없는 거지?" "서른여섯 살." "오, 말도 안 돼! 어떻게 서른여섯 살의 여자가 남자친구도 하나 없이 여행을 떠난 거야? 슬픈 일이군."

그들에게 연애는 너무 자연스러운 일상이다. 그들의 이야기를 듣고 있으면, 이 나이에 연애를 하지 않는 내 자신이 조금 불쌍하게 느껴진다. 나는 생말로에서 프랑스 사람들이 너무나도 안쓰러워하고 불쌍해하는 사람이 되어버린 것이다.

아무렇지 않게 가슴을 햇빛에 말리고 있는 프랑스 여자들 틈에서, 내 몸의 절반을 단단하게 가리고 있는 원피스 수영복이 자꾸 부끄러워진다.

하지만 보수적인 한국 땅에서 자란 나는 끝내 포 피스 수영복의 치마조차 벗지 못한 채 해변 끄트머리에 누워 일광욕을 즐겼다. 들고 간 소설책의 마지막 장을 반복해서 읽고 또 읽었다. 섬처럼 떠 있는 것은 고성이 아니라 지극히 이방의 존재인 나라는 생각이 가시지 않았다.

···지베르니, 모네의 정원에서 만난 꼬마

파리 근교 여행의 마지막 코스로 택한 곳은 모네의 정원이 있는 지베르니다. 평생 돈 걱정을 모르고 살았던 모네는 이곳에서 아름다움의 결정판을 만드는 데 온 정성을 기울였다. 평생을 가난하게 살았던 고흐가 아름다운 풍경을 찾아 파리 근교와 엑상프로방스, 아를로 발품을 팔며 돌아다니는 동안, 모네는 자신의 집 앞마당에 아름다운 풍경을 세팅했다. 모네의 정원은 차라리 거대한 분재에 가깝다.

1885년 모네가 여생을 보내기 위해 구입한 지베르니의 저택에는 수련 연작에서 보았던 그림의 원천이 있다. 정원은 놀라울 만큼 거대하고 화려하다. 그림을 잘 못 그리는 나 같은 사람도 거기 앉아 있으면 뭔가를 그리고 싶어 손가락이 간지러워진다.

나는 서울에서 가지고 간 작은 스케치북을 꺼내 풍경을 스케치하기 시작했다. 작은 도화지 안에 수련을 담아갈 생각을 하니 가슴이 두근거렸다. 삼삼오오 떼 지어 걸어다니는 사람들을 바라보며 일본식 다리와 조화를 이룬 버드나무 잎사귀를 그리고 있을 때였다. 한 꼬마 아이가 다가오더니 종이를 한 장 찢어달라고 말했다. 내가 그림을 그리고 있는 모습이 좋아

보였던 모양이다. 나는 서울에서 한 번도 잡아보지 않은 4B 연필을 쥐고 그릴 줄도 모르는 그림을 도화지에 옮겨 그렸다. 꼬마도 나를 따라 손끝을 움직였다. 나는 그 모습이 하도 귀여워 정원 대신 꼬마의 옆모습을 그리고 싶어졌다.

"너 움직이지 말고 그대로 있어. 난 이제부터 널 그리겠어."

꼬마가 씩 웃으며 종이를 찢어준 것에 대한 보답이라는 듯 고개를 끄덕거렸다.

바람이 살랑살랑 우리 두 사람의 얼굴 사이를 비스듬히 통과해 갔다. 행복하다. 모네도 이런 기분을 느끼며 손끝을 움직였을까? 소년이 낙서처럼 그려낸 종이 위에는 초록색 나무다리만 덩그러니 그려져 있었다. "물은 어디 있고, 나무는 어디 있는 거니?" "난 내가 좋아하는 것만 그릴 거예요. 다른 건 별로 그리고 싶지 않아요." 그리고 싶은 것만 그린다는 것. 그 말이 왠지 근사해 보였다. 나도 내가 보고 싶은 것과 그리고 싶은 것만 내 스케치북에 채워넣을 수 있다면……. 작은 꼬마가 나에게 삶의 비법 하나를 전수해 준 셈이다.

…가난하지만 삶을 즐길 줄 아는 프랑스 부부

지베르니에 있는 낡은 공중전화 부스에서 나는 프랑스에 정착한 선배에게 전화를 걸었다. 선배는 반가워하며 빨리 짐을 싸서 자신의 아파트로 건너오라고 말했다.

"침실은 하나뿐이지만 서재에 간이침대를 놓으면 대충 잠을 잘 수는

프랑스 부부 침실을 습격했다. 한쪽 벽면을 장식하고 있는 고서들의 향기가 정겹다.

있을 거야."

신세를 지고 싶진 않았지만 나는 내심 그녀의 프랑스 남편과 프랑스식 가정집을 구경하고 싶었다. 선배의 집은 파리 몽파르나스 역에서 기차를 타고 15분 거리에 있는 시골 마을에 있었다.

선배는 파리에서 미술학교에 다니고 있다. 그녀의 나이는 41세. 우리나라로 치면 한창 아이를 키우면서 누구의 엄마, 누구의 아내라는 이름으로 자신의 정체성을 희미하게 지워나가고 있을 나이다. 하지만 그녀는 이곳에서 진짜 예술가가 되어 있었다. 전시회를 준비중이라며 자신이 현재

심취해 있는 프로젝트에 대해 열정적으로 이야기를 이어갔다.

한국에서 40대 부부는 보통 40평형 아파트는 가지고 있어야 한다고 배웠다. 그래야 정상적이며 행복한 것이다. 하지만 그녀의 집에는 서재와 작은 침실 하나, 벽면 전체를 꼼꼼히 채우고 있는 책을 제외하곤 살림살이가 거의 없었다. 한국에서라면 행복의 기준치에서 한참 멀어진 가난한 부부다. 하지만 내 눈에는 그들이 너무 행복하고 부유해 보였다. 그녀의 프랑스 신랑은 그날따라 영화 삼매경에 빠져 있었다. 내리 두 편의 다큐멘터리를 보고 자정 무렵 흥분한 표정으로 돌아왔다. 랩 음악을 별로 좋아하지 않았는데, 그날 본 다큐멘터리를 통해 드디어 랩을 이해하게 되었다고 고백했다. 회사 일을 끝낸 후 내리 두 편의 다큐멘터리를 즐기고 돌아오는 한국의 40대 남자는 거의 없을 것이다. 그는 주말마다 한글학교에 다니며 한국어를 익히고, 1년에 3개월의 휴가를 받아 인생을 즐긴다. 돈은 먹고 살 수 있을 만큼만 단출하게 벌고 있다. 그래서 그게 뭐 어떻단 말인가?

선배는 이렇게 말했다.

"우리나라 사람들은 남의 삶에 대해 궁금한 게 너무 많아. 결혼을 안 하면 왜 결혼을 안 하냐고 묻지. 결혼을 하고 나면 질문이 없어질 것 같아? 그 다음엔 아이는 언제 가질 거냐고 물어. 그래서 아이를 낳으면, 또 둘째는 언제 가질 거냐고 묻고. 이거, 제발 남들처럼 살라고 강요하는 거잖아."

대한민국에서 태어나 평균치의 삶을 살기 위해 아등바등 애쓰고 있는 나는, 그 순간 명치끝이 아팠다. 우리는 남과 달라지는 것을 죄악처럼 여기며 살아왔다. '누구처럼 되어야 한다'는 말을 성경구절처럼 외우며 살

왔다. 하지만 유럽 사람들은 남과 다른 뭔가가 되어야 한다는 말을 부적처럼 새기며 살아왔을 것이다.

남과 같아지기 위해 노력하는 삶과 남과 달라지기 위해 노력하는 삶. 어떤 것이 더 행복할까. 마시던 와인을 벌컥 털어넣었다. 쓰고 달콤한 향이 세포처럼 몸 안에서 부드럽게 번식하는 것 같았다.

그날 밤 나는 여행을 떠나기 전 각종 사이트에서 꼼꼼히 모아둔 여행 정보들을 훌훌 던져버렸다. 남과 다른 여행을 떠나기 위해선 무엇보다 가이드북을 먼저 던져버려야 할 것 같았다. 나를 옭아매고 있던 것에서 갑자기 자유로워진 느낌. 나는 포도밭을 걷고 싶다는 작은 소망만을 가슴에 품은 채 샴페인의 수도 랭스로 떠났다.

···낮술에 취하다

북쪽에서 흰 와인을 즐겼다면, 프랑스 아랫마을에선 피처럼 입 안으로 뚝뚝 떨어지는 붉은 와인을 즐겨야 한다. 나는 서쪽 마을에 외롭게 떨어져 있는 보르도 대신 남부 해안마을까지 훑어 내려갈 수 있는 부르고뉴 와인 산지를 돌아보기로 했다. 황금 언덕이라 불리는 디종과 코트 드 본. 이곳에선 10달러만 내면 지하 저장고에 쌓여 있는 각종 와인들을 모두 맛볼 수 있다.

10유로짜리 저렴한 와인부터 100유로가 넘는 고급와인까지 수많은 와인을 홀짝거리며 서늘한 지하 세계를 걸어다니는 기분은, 한마디로 끝내준다. 관광객들과 함께 어깨를 부딪치며 걸어다닐 필요도, 안내원의 설명을 들을 필요도 없다. 그저 와인을 음미하고 즐기면 그뿐. 바깥 기온은 40도를 치달았지만, 지하 와인 저장고의 온도는 12도 안팎을 꾸준히 유지하고 있었다. 서늘한 와인 저장고와 달리 몸은 바깥세상의 열기를 흡수한 것처럼 뜨겁게 달아오른다. 서서히 취기가 도는 와인 탓이다.

피에르는 코트 드 본 기차역에서 만난 멋쟁이 할아버지다. 그는 프랑스 이민자 꼬마와 놀고 있는 나를 흘끔흘끔 쳐다보며 미소를 지었다. 뭐가 그렇게 재미있을까 궁금해하는 표정이 역력하다. 기차가 도착했다. 나는 가지고 있던 과자봉지를 훌훌 털어 꼬마에게 먹이고 서둘러 기차에 올랐다. 피에르가 내 앞자리에 앉아도 되냐고 물었다. 당연하지. 내가 얼마나 사람을 그리워하고 있었는데. 그는 내가 한국에서 왔다고 말하자 너무 반가워하며 한국 영화를 아주 좋아한다고 했다. 내가 무슨 일을 하는 사람인지 밝히지 않았는데, 한국 영화 이야기부터 꺼내오니 나 역시 반가워서 까무러칠 지경이었다. 한국 사람과 못 만난 지 벌써 여러 날이 되었기 때문에 한국에 대한 그리움이 필요 이상으로 차올라 있었다.

끊어져 있던 세상과의 네트워크가 일시에 복원되는 느낌. 하나의 선과 또 하나의 선이 연결된다. 세상에 덩그러니 혼자 존재하는 것 같았는데, 피에르 덕분에 세상과 선을 잇게 되었다. 그가 좋아하는 영화는 김기덕 감독의 〈봄여름가을겨울 그리고 봄〉. 그는 영화 속에 나왔던 절에 꼭 한번 가보고 싶다고 말했다. 젊은 시절 철학을 전공했다는 피에르는 한국의 종교에 대해서도 관심이 아주 많았다. 내가 한국에는 불교신자보다 기독교인이 더 많다고 말하자 깜짝 놀라며 되물었다. "동양인들은 모두 불교를

• 랭스의 테텡제 와이너리 입구. 샴페인 제조 과정을 돌아본 뒤 시음을 할 수 있다.

•• 코트 드 본에는 크고 작은 와인 저장고가 많다.

Magnum Beaune 1945

CORTON 43

VOLNAY 1961

Musigny 1960

Meursault genevrières 1963

CORTON 1968

오래된 와인에선 시간의 향기가 난다. 먼지를 뒤집어쓴 채 누워 있는
저 와인 병들은 누구의 식탁에서 향기를 쏟아내게 될까?

에페르네 묘지 입구에는 물뿌리개가 다소곳이 걸려 있다.

믿는 줄 알았는데, 그렇지 않은가보지?" 모르는 소리.

그는 내가 영화 잡지에서 일했고 김기덕 감독과 인터뷰를 한 적이 있다고 말하자 크게 놀라며 "정말 널 만나서 행운"이라고 말했다. 날 만난 것을 행운으로 알아주는 사람이 있다는 것은 얼마나 근사한가. 그는 나에게 오늘 밤 와인을 한 잔 사고 싶다고 말했다. 우리는 디종의 야외 카페에서 맛있는 스테이크와 저렴한 하우스 와인으로 목을 축였다. 그는 내일 아침 아비뇽으로 떠나는 나를 위해 아비뇽에 관한 노래를 불러주었다. "아비뇽 다리 위에서 아이들은 모두 춤춘다." 그의 엉터리 노래 실력으로는 도저히 음을 간파하기 어려웠지만 프랑스인이 직접 불러주는 아비뇽 노래를 듣고 있으니 뭔가 에너지가 충전되는 느낌이 들었다.

피에르와 헤어졌을 때 날은 이미 저물었고 나는 부지런히 짐을 챙겨야 할 시간이었다. 매일 짐을 싸는 생활에 나는 점점 지쳐가고 있었다.

...아비뇽에서 예술가의 꿈을 훔치다

아비뇽은 듣던 대로 아름다운 도시였다. 매년 7월이 되면 아비뇽은 축제의 열기로 후끈 달아오른다. 내가 아비뇽을 찾은 것은 이 도시의 비수기. 아직 축제가 시작되지 않은 도시는 경적을 울리며 역에 정차해 있는 기차처럼 묘한 흥분으로 가득 차 있다. 건물 안에서는 거리 축제를 준비하는 젊은 예술가들이 매일 밤 땀을 쏟으며 연극 연습을 하고 있을 것이다. 누군가는 시나리오를 쓰고, 누군가는 소품을 만들며 축제를 준비하고 있을 것이다. 하지만 그들은 아직 거리로 뛰쳐나오기 전, 꿈을 키우며 미래를 기다리는 중이다. 나는 그들이 뛰쳐나와 축제를 벌일 거리를 천천히 걸어다녔다. 거리 곳곳에서 펼쳐질 자유로운 꿈의 향연을 상상했다. 나는 축제를 별로 좋아하는 편은 아니지만, 언젠가 아비뇽에서 젊은 예술가들을 꼭 한번 만나보고 싶다는 생각이 들었다. 그들이 예술에 대해 갖고 있는 꿈을 훔치고 싶었기 때문이다.

그 꿈은 어쩌면 젊은 날 고흐가 가졌던 꿈과 비슷할 것이다. 아비뇽에서 한 시간 거리에 있는 아를은 고흐의 해바라기가 그려진 곳으로 유명하다. 고흐는 이곳에서 고갱과 싸우고, 사랑하는 동생 테오와 다투다가 결국 자신의 귀를 잘라버렸다. 아를에선 모든 사람들이 고흐가 남기고 간 찌꺼기를 좇아 움직이고 있다. 고흐의 정원, 고흐의 카페, 고흐의 다리. 나는 고흐의 해바라기가 그려진 노란 카페에 앉아 고흐처럼 차를 마셨다. 그리고 도심에서 한참 떨어진 고흐의 다리를 향해 걷고 또 걸었다. 이곳이 차를 타고 가야 하는 곳인지 알지 못했던 나는, 그곳을 향해 마냥 걷다가 10분 만에 지쳐버렸다.

고흐의 다리는 생각보다 멀리 떨어져 있었다. 차를 타고 내려서 30여 분을 더 걸어가야 하는 곳. 다리 근처에는 이곳이 고흐의 손길이 묻은 다리라는 것을 설명해 주는 표식이 거의 없었다. 덩그러니 외롭게 서 있는 다리는 폐허의 전장 같다. 수풀이 아무렇게나 자라 수로를 덮고 있다. 빈 건물 사이로 삐죽하게 솟아 있는 잡초들. 햇살이 너무 뜨거워 나는 이곳에 오래 머물 수 없었다.

버스 정거장으로 걸어가는 길, 반대편에서 걸어오던 한 프랑스인이 나

고흐 그림의 배경이 된 '밤의 카페' 전경

에게 어디서 왔느냐고 물었다. "네가 맞춰봐!" "중국? 일본? 태국? 베트남?" 내가 모두 아니라고 말하자, 그는 그밖에 동양이 또 어디 있냐는 듯 아리송한 표정을 지었다. 프랑스인들의 머릿속에 동양은 이 네 나라밖에 없는 것일까. 중국은 동양의 상징과도 같은 나라라서 익숙하고, 일본은 세계적인 부자 나라이기 때문에, 태국은 프랑스인들의 여름 휴양지라서, 베트남은 한때 그 나라를 지배했던 역사가 있기 때문에 잘 알고 있다. 하지만 한국은 아직 그들의 머릿속에 어떤 개념도 남기지 못하고 있는 것 같았다.

나는 어색하게 웃으며 가던 길을 되돌아갔다. 멀리, 점처럼 사라져가는 그가 내 모습을 보며 고개를 갸웃거리고 있다. 한국에서 온 여자는 난생 처음 보았다는 표정으로.

··· 프랑스 만담 열차

니스행 기차 안. 모든 사람들이 도서관에 앉아 있는 것처럼 숨소리조차 내지 않고 조용히 앉아 있었다. 그때 오른쪽 좌석 네 번째 줄에 앉아 있던 남자가 갑자기 일어나 좌중의 이목을 집중시켰다. 그는 말이 빠르고 목소리가 허스키하며 손과 발을 요란하게 섞어 쓰는, 이른바 만담가였다. 거만한 프랑스 사람들은 꿈적도 하지 않고 보던 잡지를 열심히 뒤적거렸다. 나는 물론 그의 만담을 전혀 알아듣지 못했기 때문에 유행가 가락 같은 그 소리를 막연히 즐기고 있었다. 남자는 사람들이 관심을 갖든 말든 아랑곳하지 않고 제 흥에 겨워 이야기를 이어갔다. 오래전 시골 장터에서 봤던 약장수 아저씨처럼, 아카데미 시상식 무대에 오른 로베르토 베니니처럼.

시간이 조금 지나자 어디선가 킥킥거리는 웃음소리가 들려오기 시작했다. 한 사람이 웃음을 터트리자 다른 승객들도 참고 있던 웃음을 쿡쿡 내뱉었다. 그는 달리는 기차 안에서 쉼 없이 만담을 이어갔다. 어느 순간부터 승객들은 그의 이야기를 몰래 건너 듣는 것이 아니라 제대로 집중해서 듣고 있었다. 박수소리가 요란해지고, 웃음소리가 커져갔다. 그때 갑자기 경찰이 들이닥쳐 그의 양팔을 끌고 어디론가 사라졌다. 어안이 벙벙해진 사람들은 끌려가는 그를 변호하다가 결국 큰 박수소리로 그의 마지막 가는 길을 위로해 주었다.

'박수 칠 때 떠나라'는 말이 이런 때 쓰라고 있는 것일까. 그가 끌려가는 모습을 도저히 받아들일 수 없었던 한 남자가 경찰에게 호소하기 시작했다. 그에게 선처를 베풀어달라는 호소였다. 그는 단지 우리를 즐겁게 해주기 위해 노력했을 뿐, 아무것도 원하는 것이 없었다고 주장했다. 한 사람이 호소를 시작하자 다른 승객도 나서서 그를 변호하기 시작했다. 모든 사람들이 박수를 쳤다.

결국 남자는 승객들 덕분에 경찰에게 풀려났고, 사람들의 박수를 받으며 열차 밖으로 퇴장했다. 한 시간쯤 지났을까. 땀인지 물인지 모를 물기를 잔뜩 묻힌 남자가 되돌아와 아까 못 받았던 공연비를 거둬들이기 시작했다. 나는 조금 당황했다. 박수 칠 때 떠난 남자는 아름다웠지만, 공연비를 거두기 위해 돌아온 남자는 결코 아름답지 않았다. 그의 결백을 증명해주려 애쓴 사람들도 조금 당황해하는 눈치였다. 하지만 승객들은 말없이 그가 내민 모자 안에 기꺼이 돈을 던져넣었다. 인생은 영화가 아니므로 그가 돌아오는 것은 어쩌면 당연한 일이다. 베니니를 닮은 남자는 그날 밤 여관비와 밥값을 기차 안에서 모두 거둬들였을까? 나는 그의 낡은 모자 속이 너무나도 궁금했다.

Single Traveler's Route

:: 프랑스

프랑스 파리 IN ➡ 오베르 쉬르 우아즈 ➡ 지베르니 ➡ 생말로 ➡ 랭스 ➡ 에페르네 ➡ 디종 ➡ 코트 드 본 ➡ 아비뇽 ➡ 아를 ➡ 마르세유 ➡ 니스 ➡ 파리 OUT

※ 예상 경비 : 2주 230만 원

최고의 코스
Must do item 10

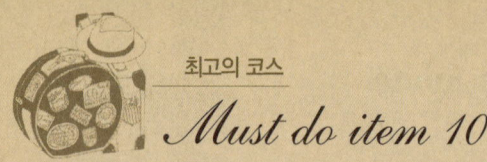

#1. 화가를 매혹시킨 풍경을 찾아서

화가의 시선으로 한 번 걸러진 풍경이 아니라 화가를 매혹시킨 풍경 그 자체를 즐기고 싶다면 오베르 쉬르 우아즈와 지베르니로 떠나야 한다. 오베르 쉬르 우아즈는 고흐가 권총 자살로 목숨을 끊기 전, 70여 점의 그림을 쏟아낸 마을답게 아름다운 풍경이 곳곳에 가득하다. 모네가 말년을 보내며 수련 연작을 그린 지베르니도 분재처럼 예쁘게 가꿔진 화단을 가슴에 품고 있는 아름다운 곳이다. 오스카 와일드는 휘슬러가 런던의 안개를 그리기 전까지 런던에 안개는 없었다고 했는데, 나도 그 말을 흉내 내 이렇게 말하고 싶어진다. "고흐와 모네가 밀밭과 수련을 그리기 전까지 프랑스에 밀밭과 수련은 없었던 것 같다"고……

#2. 파리지앵의 여름 휴양지, 생말로 다녀오기

세계에서 조수 간만의 차이가 가장 큰 생말로의 해변은 독특한 아름다움으로 사람들을 유혹한다. 썰물 때 모래사장 위에 위태롭게 떠 있는 고성은 밀물 때 바다 속에 부드럽게 잠긴다. 부유한 파리지앵들이 가장 아끼는 휴양지답게 즐길 만한 아이템도 많다. 바닷물을 이용해 만든 해변 수영장에서 딸라소테라피(해수요법)를 하거나, 요트를 타고 가까운 바다로 나가볼 수 있다. 성곽을 산책한 뒤 신선한 해산물 요리도 즐겨보자.

#3. 파리에서 헌책방 돌아다니기

파리에는 유난히 헌책방이 많다. 소르본 대학 근처에 헌책방들이 많으며 피카소 미술관 근처에도 예쁜 서점이 있다. 노트르담 성당 근처의 '셰익스피어 앤 컴퍼니' 서점은 꼭 들러보자. 무정부주의 시인 조지 휘트먼이 운영하는 이 서점은 책에 대한 정신 때문에 더 유명해졌다. '셰익스피어 앤 컴퍼니'는 책을 읽고 글을 쓰는 사람들이 모여 만들어낸 '문학의 박물관'이다. 그들은 방세를 내는 대신 서점 일을 도우며 문학에 대한 열정을 키워나간다. 이곳은 영화 속 명소로도 유명하다. 〈비포 선라이즈〉의 경험을 토대로 소설을 쓴 제시는 이곳에서 10년 만에 셀린느와 해후한다. 〈비포 선셋〉의 첫 장면이다.

#4. 시네마테크에서 낡은 영화 보기

파리가 예술의 도시라는 사실을 온몸으로 느껴보고 싶다면 생미셸 거리의 작은 아트시네마들을 들려보자. 이중에는 한 영화만 10년 넘게 장기 상영하는 고집스러운 극장도 있다. 영화를 좋아하는 사람이라면 누벨바그 운동이 시작된 시네마테크 프랑세즈도 한 번쯤 들려볼 만하다. 장 뤽 고다르와 프랑수아 트뤼포, 에릭 로메르가 품었던 영화에 대한 순정을 기억하며 영화를 관람하는 것도 파리를 즐기는 또 다른 방법. 원래 샤이오 궁에 있었던 시네마테크 프랑세즈는 현재 51 rue de bercy로 이전해 새로운 역사를 이어가고 있다.

#5. 자유의 여신상을 마주보며 걷기

파리 자유의 여신상을 볼 수 있는 방법은 다양하다. 유람선을 타거나 드라이브를 즐기며 볼 수도 있지만, 나는 꼭 걸어서 이 조각상을 보라고 권하고 싶다. 파리의 상징인 에펠탑을 구경한 뒤 천천히 비라켐 다리 쪽으로 이동해 보자. 다리 가운데 긴 산책로 Allée des Cygnes가 펼쳐진다. 이 산책로 끝에 '자유의 여신상'이 있다. 그르넬 다리에선 기욤 아폴리네르의 시로 유명한 미라보 다리가 훤히 내다보인다. '미라보 다리 아래 센 강은 흐르고 / 우리의 사랑도 흘러간다.' 미라보 다리를 바라보며 이 시를 천천히 읊어보는 것도 운치 있다.

#6. 고흐가 머물던 카페 드 라르카사르에서 커피 한 잔

고흐가 오랫동안 머물며 작품 활동을 했던 아를에는 역시나 고흐의 흔적이 널려 있다. 하지만 모든 곳이 관광 상품으로 개발된 탓에 오베르 쉬르 우아즈만큼 큰 감흥을 얻긴 어렵다. 다행히 고흐의 다리는 다른 곳에 비해 상업성이 덜하다. 아를에서 버스로 30여 분 거리에 있는 고흐의 다리는 옛 풍경을 고스란히 간직하고 있다. 고흐가 앉아 그림 그리는 풍경을 상상하며 다리를 돌아본 뒤 카페 드 라르카사르에서 커피 한 잔을 즐기

는 것도 좋은 추억이 될 듯. 고흐는 이곳에서 그 유명한 '밤의 카페'를 그렸다.

#7. 샴페인 톡톡, 축제의 술 더트리기

샴페인의 수도로 불리는 랭스에는 고급 샴페인 와이너리가 많다. 투어에 참가하면 샴페인이 만들어지는 과정을 돌아본 뒤 맛 좋은 샴페인을 직접 시음해 볼 수 있다. 투어 가격은 7유로 안팎. 랭스와 에페르네 관광안내소에서 나눠주는 와이너리 지도를 보고 마음에 드는 곳을 직접 찾아가자. 전화 예약은 필요 없으며, 로비에서 해설 언어(프랑스어, 영어, 독일어 등)를 고른 후 투어를 신청하면 된다. 에페르네에선 샴페인의 주원료인 샤르도네와 피노누아, 피노므니에 품종의 포도밭을 직접 걸어볼 수 있다.

#8. 부르고뉴 와인 산지 돌아보기

부르고뉴 와인의 명가를 둘러보고 싶다면 디종과 코트 드 본을 빼놓으면 안 된다. '황금언덕'이라 불리는 코트 드 본의 본 로마네에서 그 유명한 로마네 콩티가 태어났다. 부르고뉴 와인의 중심지인 디종에선 다양한 와인 농장 투어를 신청할 수 있으며, 디종에서 40분 거리에 있는 본에선 수십 종의 와인을 두루 맛보는 와인 마켓을 둘러볼 수 있다. 맛과 향의 차이를 음미하며 지하 저장고를 돌아다니는 것은 부르고뉴 여행의 빼놓을 수 없는 재미 중 하나. 투어 비용은 10유로가량으로 조금 비싸지만, 소믈리에가 직접 따라주는 최고급 와인을 맛볼 수 있기 때문에 아까운 느낌은 들지 않는다. 투어 시작할 때 제공되는 와인 시음잔도 기념으로 가져갈 수 있다.

#9. 레스토랑에서 코스요리 먹어보기

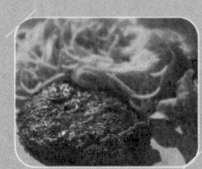

프랑스에 왔다면 접시 위에서 펼쳐지는 화려한 미의 향연을 즐겨야 진정으로 프랑스를 느꼈다고 말할 수 있다. 코스요리가 조금 비싸다고 느껴진다면 간단한 세트 메뉴인 므뉘menu를 즐기는 것도 괜찮다. 레스토랑마다 싼 므뉘를 준비하고 있는데, 나름 정찬의 기쁨을 맛볼 수 있다. 전채, 메인 요리, 디저트 혹은 음료가 따라 나온다. 여윳돈이 있다면 미식가들이 아끼는 레스토랑 안내서인 미슐랭 가이드를 서점에서 살짝 훔쳐본 후 멋진 식당을 찾아 정찬을 즐겨보자. 달팽이 요리인 에스카르고나 닭을 와인에

절인 꼬꼬뱅 요리도 즐길 만하다.

#10. 불로뉴 숲에서 선탠 후 프랑스 경마 즐기기

파리 서쪽을 푸르게 감싸고 있는 불로뉴 숲은 파리 여행객이라면 꼭 한 번 들러야 하는 아름다운 복합 문화 공간. 35킬로미터에 달하는 긴 산책로와 아름다운 카페, 레스토랑, 정원이 있으며 넓게 펼쳐진 호숫가에서 선탠을 즐길 수 있다. 크루아상과 간단한 안주, 작은 와인을 한 병 구입해 불로뉴 숲으로 소풍을 떠나보자. 파리 튈르리 공원이나 뤽상부르 공원에서 맛볼 수 없는 한적한 여유를 즐길 수 있다. 특히 불로뉴 숲에는 경마장과 자동차 경주장, 승마 코스도 있으니 이곳에서 프랑스식 우아한 경마를 관람해 보는 것은 어떨까?

Walkway 3.
사람의 향기를 찾아

터키 중남부, 이스탄불에서 카파도키아까지

사람들과 부대끼며 살다 보면 점점 사람들이 싫어진다.

나는 다시 사람을 사랑하고 싶었다. 터키에서 만난 건 아름다운 자연이 아니라 다시

사람을 사랑할 수 있는 가능성이었다.

···아버지의 여행가방

터키로 가는 동안 읽은 글은 터키 작가 오르한 파묵이 노벨상을 받은 후 쓴 수상소감이었다. 파묵의 아버지는 의사였으나 오래전부터 소설을 쓰고 싶어했다고 한다. 아버지는 가끔 여행가방을 들고 파리의 골방에 처박혔다가 돌아왔다. 아버지가 무엇을 하는지 어린 아들은 전혀 알 수 없었지만, 가족에게 행복과 돈을 가져다주느라 잃어버린 어떤 것들을 향해 손을 내밀고 있다는 것만은 짐작할 수 있었다. 아버지는 오랜 세월이 흐른 후, 아들의 작업실에 들러 자신이 쓴 글이 담겨 있는 낡은 여행가방 하나를 남겨놓고 사라졌다.

"시간 날 때 한번 들춰보렴. 뭔가 네게 도움이 될 만한 것이 있을지도 모르고, 어쩌면 묶어서 책으로 낼 수 있을지도 모르잖니."

가방 안에는 아버지가 오랫동안 남모르게 써내려갔던 일기인지 소설인지 모를 글들이 담겨 있었다. 파묵은 그 가방을 오래 열어보지 못했다. 가방 안에 담겨 있는 것들이 혹 자신에게 실망을 안겨줄지도 모를 일이었으므로. 그는 가방을 허겁지겁 열어보지 못하고 오래 지켜보며 가슴을 쓸어내렸다.

나에게 터키는 오르한 파묵이 오래도록 열어보지 못했던 아버지의 여행가방 같은 것이었는지도 모른다. 먼저 터키를 여행한 사람들이 "지구상에서 가장 아름다운 곳"이라는 칭찬을 늘어놓을 때마다, 나는 항상 그곳에 가고 싶으면서 또 가고 싶지 않았다. 그것은 쉽게 열 수 없는 가방의 꽉 다문 주둥이를 지켜보는 것처럼 아깝고 애매모호한 심정이었다. 가방을 여는 순간 무엇을 대면하게 될지 모든 게 두려웠다.

나는 오래전 영화에서 본 살벌한 터키를 기억하고 있었다. 조르지오 모르더의 음악으로 더 오래 기억되는 〈미드나잇 익스프레스〉의 한 장면. 마약 밀매에 손을 댄 주인공 빌리는 이스탄불 공항에서 경찰에 붙잡혀 30여 년 넘게 비인간적인 터키 감옥에 갇힌다. 이성보다 야만이 더 강렬하게 살아 있는 그 풍경을, 나는 오랫동안 반문명의 다른 이름으로 기억했다. 하지만 이스탄불, 그곳은 사실 이미 오래전에 문명의 개화기를 맞아 유럽 전역을 손아귀에 넣고 흔들었던 대단한 제국의 수도였다. 역사 시간에 귀에 딱지가 앉을 만큼 자주 들었던 콘스탄티노플은 이스탄불의 영광스러운 과

거 이름이었다. BC 7세기경 "눈먼 땅에 새 도시를 건설하라"라는 신탁을 받아들여 건설된 도시, 콘스탄티노플. 내게 그 도시의 매력은 그것뿐이 아니었다.

아름다운 실크로드가 마무리되었던 곳, 영국행 오리엔트 특급열차가 출발했던 기차역, 유럽과 동양이 극적으로 만나는 곳. 어울리지 않는 것들이 묘하게 조화를 이루는 술탄 아흐멧 거리에서 여행자들은 들뜬 얼굴을 하고 유령처럼 걸어다닌다. 아무 목적 없이 걷고 있는 것 같은 그들은 이 도시에서 대체 무엇을 찾고 있을까. 나는 그들 틈에 섞여 이국의 향기를 깊이 들이마셨다. 알싸한 향신료 냄새가 훅 끼쳐왔다.

···여자라서 행복해요

골목길에는 카펫을 짜는 건장한 사내들, 물 담배를 피며 수다를 떠는 노인들, 축구를 즐기는 어린아이들이 습한 입김을 토해내며 부지런히 이국적인 풍경을 만들어내고 있었다. 그 거리에서 나는 지대한 관심의 대상이다. 지갑을 열고 돈을 뿌려댈 사람을 찾고 있던 사람들은 내게 차를 대접하고 과자를 건네주며 관심을 끌기 위해 애쓴다. "제발, 나 좀 내버려두라." 가끔은 소리치며 애원하고 싶다.

나는 그곳에서 한국에 가본 적이 있다고 우기는 터키 남자를 만났다. 한국에서 대학을 다녔다는 그 남자와 몇 마디만 나눠봐도 그 말이 허풍이라는 사실은 뻔히 알 수 있다. 혹시 너도 나에게 카펫을 팔고 싶은 거니? 나는 가난한 배낭여행자, 카펫 따위를 지고 여행을 다닐 수 없는 사람이라고 소리치고 싶었다.

나이 지긋한 할아버지 중 열에 아홉은 한국전에 참전했다고 고백한다. 한국전에 참전한 터키인은 약 1만 5천 명, 그중 800여 명이 전사했고 2,200여 명이 부상을 당했다. 그 일이 있었던 것은 60여 년 전. 이제는 살아 있는 사람보다 죽은 사람이 더 많을 터였다. 하지만 나는 터키에서 한국전에 참전했다고 고백하는 수많은 노인들을 만났다. 사실일까 아닐까, 고개가 갸웃거려진다. 물론 나는 그들이 한국에 대해 갖고 있는 우호적인 감정을 의심하고 싶진 않았다. 그들이 관심을 갖는 것은 내 까만 눈동자와 발그레한 볼이라고 믿기 때문에.

터키에서 동양 여자, 특히 한국 여성은 하루 종일 하늘에 붕붕 뜬 것 같은 느낌을 받을 수 있다. 그동안 한국에서 생전 들어보지 못했던 아름답다는 칭찬을 터키에서는 원하는 만큼, 시도 때도 없이 들었다. 진짜 마음에 들어서 그런 것인지, 아름답다는 칭찬에 정신 못 차리는 여성을 위해 접대성 인사를 건네는 것인지 알 수는 없다. 어쨌든 그들은 동양 여성을 만나면 우선 칭찬부터 하고 본다. "뷰티풀, 어메이징!" 타고난 바람둥이다.

터키에서 만난 어떤 한국 여행자는 터키 남자들이 한국을 '형제의 나라'라고 치켜세우자 코웃음을 치며 이렇게 말했다. "터키는 형제의 나라가 아니라 오빠의 나라 같은데!" 터키 남자들은 실제로 남자들을 대하는 법과 여자들을 대하는 법이 판이하게 다르다. 여자들이 가격을 물어보면 대충 10리라 정도 하는 물건이, 남자들이 물어보면 두 배 이상 된다. 조식이 포함되지 않은 숙소인데도 내게 터키식 아침식사를 근사하게 차려주었아잔 소리가 들려온다. 이슬람 사람들은 모두 메카를 향해 고개를 숙인다.
성스러운 저녁이다.

던 알리는, 내 옆에 앉아 있는 남자 손님에겐 빵 한 조각도 권하지 않았다. 터키 결혼식에 초대받은 여자들이 모두 공짜 맥주로 목을 축이는 동안, 남자들은 5리라의 돈을 주고 맥주를 사먹었다. 이러니 터키에선 여자라서 행복하다는 소리가 절로 나올 만하다.

···이스탄불, 살아 숨 쉬는 도시

이스탄불은 아침부터 저녁까지 카멜레온처럼 수십 번의 변화를 거듭한다. 사람들은 그다지 깨끗하지 않은 거리에 돗자리를 깔고 앉아 제 집 안방처럼 편안히 누워 여유를 즐긴다. 한국의 노숙자들이 몸을 웅크리고 바람을 견디며 먹을 것을 적선하는 것과 달리, 터키의 노숙자들은 꾀죄죄한 얼굴을 하고서도 여유를 잃지 않는다. 모든 사람들이 달관한 얼굴로 앉아 있다.

이상하다. 터키는 사실 평온하게 살기엔 너무 많은 나라와 경계를 다투며 살아왔다. 북쪽 끝으로 불가리아와 그리스, 동쪽으로 이란, 이라크, 시리아, 아르메니아, 그루지아 총 7개의 나라와 국경을 맞대고 있는 이 나라는, 지금까지 맘 편히 평화를 즐길 여유가 없었다. 중동은 시끄러웠고, 그리스는 끊임없이 국경을 넘봤다. 가난한 이웃들은 역시나 먹고 살기 힘든 터키 땅을 수시로 넘보고 헐뜯었다. 영토 분쟁은 중앙아시아를 오랫동안 인간이 만들어낸 화산으로 들끓게 만들었다.

하지만 유람선을 타고 보스포러스 해협을 따라 가는 동안, 나는 치열했던 전쟁의 흔적을 한 번도 느끼지 못했다. 함께 배를 타고 가는 터키인들도 역사의 설움 따위는 기억하지 못하는 얼굴로 처연하게 앉아 있었다. 앞자리에 앉은 남자는 보스포러스 유람선을 이미 여러 번 탄 적이 있는지 주의 깊게 보지 않으면 놓치기 쉬운 풍경을 차례로 짚어주었다. 머리에 스카프를 곱게 둘러쓴 아주머니도 "앙카라에서 맛볼 수 없는 감동을 느꼈다"며 연신 싱글벙글이다. 이스탄불 사람들은 근심 따윈 없는 얼굴로 모두 행복하게 웃고 있다.

…순박한 터키 시골 사람들에게 중독되다

마르마리의 길쭉한 바다를 따라 멀리 나가면 이즈닉이라는 예쁜 호수 도시가 나온다. 부유한 터키인들의 여름 휴양지이자 모스크 타일 생산지로 유명한 이즈닉. 터키인들은 주말이 되면 이즈닉으로 소풍을 나와 수영을 즐기고 바비큐를 굽는다. 알리는 이곳에서 만난 너무도 친절한 카즈나르차 호텔의 주인이다. 터키 가이드북에 쓰인 '한국인에게 친절하다'는 한 문장만 믿고 물어물어 찾아간 카즈나르차 호텔에서 나는 작은 싱글룸을 얻어 몸을 쉬기로 했다. 깨끗한 부엌이 있고 호수까지 가는 길이 멀지 않았으므로 망설임 없이 이틀 치의 방을 예약했다.

도시의 모양을 머릿속에 그려넣기 위해 산책을 나갔을 때 위노나 라이더를 닮은 예쁜 여자아이 하나가 내게 말을 걸어왔다. 친구들과 함께 잔디에 앉아 과자를 주워 먹던 소녀는, 내게 과자 한 주먹을 쥐어주며 먹어보라고 권했다. 새우깡과 비슷한 맛이 났다. 소녀는 까만 머리에 까만 눈을 가진 내가 신기한 모양인지 친구들을 불러 모아 내 주변에 일렬로 세웠다.

부르사 근처 주말르크즉 마을에는 손때 묻은 건물이 유난히 많다.

터키 가정식 카페 주인. 창문을 열고 들어오라며 손짓한다.

그러고는 다짜고짜 내 카메라를 뺏어 사진을 찍어댔다. 카메라에 담긴 모습을 천천히 들여다보던 소녀는, 내 얼굴이 자기 얼굴과 많이 다르다며 까르르 웃었다.

다음날 아침 로마 극장을 보기 위해 마을의 중심으로 걸어나갔을 때 멀리서 나를 부르는 소리가 들려왔다. 어제 극장 앞에서 만난 소녀가 친구들과 함께 나를 에워싸고 있었다. 행선지를 밝히자 자전거를 탄 아이 하나가 내게 뒷자리를 내주며 앉으라고 했다. 그렇게 해서 나는 그날 오후 내내 아이들과 함께 이즈닉을 돌아다녔다. 그들이 안내해 주는 곳에서 커피를 마시고, 아이스크림을 먹고, 이즈닉 타일 공장을 구경하고, 자전거 드라이브를 즐겼다. 처음엔 뭔가 꿍꿍이가 있는 게 아닐까 의심하기도 했지만, 하루 종일 그들과 붙어 다니면서 돈을 축내야 할 일은 결코 생기지 않았다. 오히려 나는 공짜 커피와 공짜 드라이브로 녹다운이 될 지경이었다.

아이들 덕분에 나는 진짜 터키 사람들을 만났다. 나와 사진 찍고 싶어하고 이야기를 나누고 싶어하는 순박한 터키 시골 사람들. 나는 그들에게 점점 중독되어 가고 있었다.

…이즈닉의 예술가 아저씨

기진맥진할 만큼 실컷 놀다 호텔에 들어왔을 때 호텔 주인 알리는 애플티 한 잔을 건네며 최근에 다녀온 여행 사진과 친구들 사진을 보여주었다. 사진첩에는 모스크에 그림을 그리고 있는 한 예술가의 사진이 담겨 있었다. "어, 이건 누구지?" 내가 이 사람을 만나고 싶다고 하자, 그가 한 치

손님을 기다리는 낙타 한 마리

의 망설임도 없이 핸드폰 번호를 꾹꾹 누르기 시작했다. 5분 뒤에 진짜 사진 속 주인공이 검은색 오토바이를 타고 나타났다. 흰 머리가 말 갈퀴처럼 얼굴 주변을 우아하게 덮고 있는, 지극히 예술가다운 사내였다. 그는 최근 보스니아의 한 모스크에 천장화를 그리고 돌아왔다고 했다. 이스탄불에도, 세르비아에도, 이즈닉에도 그의 작품이 있다.

나는 들고 있는 스케치북을 꺼내 무엇이라도 좋으니 그림 하나만 그려달라고 염치없는 부탁을 했다. 펜 끝이 몇 차례 쓱쓱 움직이는 것 같더니 타일 문양 하나가 완성됐다. 그것은 내가 예상한 것처럼 멋스러운 그림은

집 앞에 좌판을 벌이고 앉아 수예를 놓는 아주머니

아니었지만, 나는 활짝 웃으며 마음에 든다고 말해 주었다. 알리는 친구의 그림을 더 자랑하고 싶은지, 그의 그림이 있는 이즈닉의 한 모스크로 나를 끌고 갔다. 알리와 알리의 아들, 얄친, 나. 두 대의 오토바이가 조용한 이즈닉의 골목을 우렁차게 통과할 때마다, 길거리에 앉아 노닥거리던 동네 사람들이 모두 우리를 향해 손을 흔들고 휘파람을 불어주었다.

아직 페인트칠이 다 마르지 않은 새로 지은 모스크에는 내용을 알 수 없는 코란의 글귀와 종교화가 그려져 있었다. 얄친은 도화지가 아니라 하얀 돌을 만나야 비로소 붓끝이 자유롭게 움직이는 화가일까. 내게 그려준

셀축 에페스 유적지. 그 옛날, 터키의 영광을 돌아볼 수 있다.

그림과는 달리, 모스크의 벽에는 정말 멋진 그림이 그려져 있었다.

···모델이 된다는 것

한 번도 그림을 배워본 적은 없지만 나는 이상하게 그림을 그리고 싶은 욕구가 많은 사람이다. 여행을 떠나기 전 남대문 도매 화방에서 구입한 작은 스케치북에 나는 수시로 그림을 그렸다. 그날 본 풍경, 기억에서 떠나지 않는 뭉클한 장면, 기어이 잊혀지지 않고 따라다니는 어떤 사람의 이미지. 내가 부끄러워 다른 사람 앞에서 차마 열지 못했던 스케치북을 조심스럽게 열어젖히자, 고맙게도 알리와 얄친이 내 그림에 깊은 관심을 보여주었다.

"그림 그리는 것을 좋아한다면 다른 친구도 소개해 줄게! 그는 조금 현대적인 그림을 그리는 화가야."

그의 작업실에는 영원히 마를 것 같지 않은 햇빛이 강물처럼 유연한 곡선을 그리며 흘러들어오고 있었다. 창문은 거리를 향해 활짝 열려 있다. 멋진 작업실이다. 그가 한창 열중해서 그리는 그림은 세마 공연을 펼치고 있는 소년의 옆모습. 그림은 흥미로웠다. 내가 그의 작업 모습을 카메라에 담자, 이번엔 그가 나를 한번 그려보고 싶다고 말했다. 얼떨결에 나는 그 남자의 모델이 되었다.

화가 앞에 오래 앉아 있는 것은, 무방비 상태로 온몸이 발가벗겨지는 것 같은 느낌이다. 입가에 박혀 있는 큰 점과 지금은 희미해진 눈 옆의 수두자국까지, 모든 것에 신경이 쓰인다. 아침에 대충 묶은 머리카락은 까맣게 탄 양 볼에 잔가지처럼 뻗쳐 있을 터였다. 알리는 그가 그린 그림을 보더니 나와 닮지 않았다며 고개를 갸웃거렸다. "그림 속 너는 너무 뚱뚱해. 사실 넌 이것보다 훨씬 예쁜데 말이야." "고마워요, 알리!"

나를 언제나 "나의 멋진 한국 친구"라고 부르는 알리는 그 순간에도 확실히 내 편이 되어주었다.

그날 저녁 카르나르차 호텔 옥상에선 터키 전통 술인 라키 파티가 벌어졌다. 파티에 초대된 사람은 나와 얄친, 알리, 단 세 사람. 영어를 할 줄 아는 알리가 간간히 자리를 비울 때마다 나와 얄친은 말없이 서로의 얼굴을 쳐다보며 웃었다. 어색한 침묵을 뚫고 그가 종이를 꺼내 뭔가를 그리기 시작했다. 작은 얼굴 문양이었다. 이 그림의 정체를 궁금해하자, 그가 내 터키 가이드북에 실린 이즈닉의 지도를 펼쳐 북쪽 상단에 그림과 꼭 같은 눈을 그려넣었다. 작은 얼굴 문양이 완성됐다. 그는 지도 옆에 '키발라'라는 이름을 적어넣었다.

키발라는 니케아의 옛 이름이었다. 니케아의 도시로 불리는 이즈닉의 성벽은, 그러니까 키발라의 옆모습을 본떠 만들어진 것이다. 우리는 지금 키발라의 옆얼굴, 귀 언저리쯤에 앉아 있다. 그리고 그리스 우조와 비슷하게 생긴 라키를 마신다.

라키는 우조처럼 물이나 레모네이드를 섞으면 금세 연한 우윳빛으로 변하는 신기한 터키 전통주다. 신기해서 술을 만드는 알리의 손을 계속 지켜보고 있었더니, 그가 빙긋 웃으며 이것이 바로 '라이언 밀크'라고 말해주었다. 라이언 밀크! 멋진 이름이다. 그러니까 우리는 지금 키발라의 귓불 부근에 앉아 라이언 밀크를 마시고 있는 것이다. 바람이 살랑거리며 낮 동안 벌겋게 달아오른 피부를 차갑게 식혀주었다. 50도가 넘는 알코올이 속을 뜨끈하게 데워준다. 우리의 조촐한 파티는 내 터키 여행의 작은 클라이맥스처럼 화려하게 빛나고 있었다.

···부르사의 피리 부는 사나이

이즈닉에서 1시간 30분 거리에 있는 부르사는 얼핏 보면 아무것도 볼 게 없는 도시처럼 느껴진다. 커다란 모스크가 마을 한가운데 멋지게 버티

터키의 모스크는 대체로 비슷한 모양이다. 수십 개의 원형 지붕과 길쭉한 종탑이 멋지게 조화를 이룬다.

고 있지만, 이런 종류의 모스크는 이스탄불에서 이미 질리도록 보아온 터라 새로운 감흥은 없었다. 도시는 생각보다 번화했고 사람들은 무질서하게 도로 사이를 걸어다녔다. 너무 크다. 나는 도시의 반대편, 조금 덜 번화한 산골 마을로 부지런히 기어 올라갔다. 오르고 또 올라도 산골 마을은 끊임없이 계속됐다. 먼발치에서 내려다보는 부르사는 계통 없이 흐트러져 있다.

그날 오후 호텔 주인은 부르사를 제대로 구경시켜 주겠다며 무료 영어 가이드를 붙여주었다. 가이드는 나를 끊임없이 어딘가로 데리고 갔다. 그림자 인형을 만드는 장인의 상점으로, 마을 전체가 내려다보이는 전망대로, 터키 사내들이 악기를 들고 신명나게 노래를 부르는 차이 집으로, 맛있는 아다나 케밥 집으로. 부르사의 볼 것들은 모두 알라딘의 보물 램프처럼 곳곳에 숨겨져 있었다. 그의 안내를 받지 않았다면 나는 보물 같은 그 장소들을 그저 스치고 지나갔을 것이다.

시장통에 제멋대로 자리잡은 차이 집을 방문했을 때, 남자는 나를 안내하는 동안 내내 들고 다녔던 길쭉한 검정 하드 케이스 가방을 비로소 열어젖혔다. 그 속엔 얇은 피리가 수저통의 젓가락처럼 반듯하게 누워 있었다. 사람들이 사즈를 연주하는 동안 그는 피리를 꺼내 불었다. 알고 보니 그는 부르사의 '피리 부는 사나이'였다. 남자들만 득시글한 차이 집에서 나는 몇 잔의 애플티를 얻어 마시고 내 앞에서 신나게 노래를 부르는 아주머니에게 음반 하나를 선물 받았다. 그저 약간 멋을 낸 아주머니인 줄 알았더니 그녀는 프로 가수인 모양이었다. 노래는 끝나지 않고 영원히 계속될 것처럼 이어졌다. 자리에 앉은 사람들 중 누가 가수이고 누가 연주자인지 아무것도 예측할 수 없다. 그냥 남의 연주를 즐기는 줄 알았던 사람들이 갑자기 목청을 돋우고 노래를 부르기 시작한다. 터키 노인들의 유흥가인 차이 집 풍경은 우리나라 파고다 공원보다 훨씬 정겹고 담백하다.

그날 밤 나는 남자의 손에 이끌려 메블라나 의식의 클라이맥스인 멋진 세마 공연을 보러 갔다. 흰 옷을 입은 남자들 네다섯 명이 한 시간 넘게 원을 그리며 빙글빙글 돌고 있었다. 원형의 이미지가 너무 강렬해서 나는 빙글빙글 돌아가는 그 원을 오래도록 진지하게 지켜보았다. 연주가 끝날 때쯤 고개를 들고 무대 구석을 바라보니, 세마 공연 무대에 부르사의 피리 부는 사나이가 서 있었다. 그는 매일 밤 이곳에서 피리를 불며 일용할 양식을 얻고 있는 것이다. 예술이 생활이자 취미인 남자는 그렇게 소박한 일상을 즐기며 살아가고 있다.

…터키의 재산은 자연이 아니라 사람

처음엔 터키 사람들의 조건 없는 친절이 믿어지지 않았다. 받은 게 있으면 줘야 하는 것도 있는 법. 나는 경제서적 한 페이지를 장식하고 있는 등가교환의 법칙을 굳게 믿고 있는 사람이다. 하지만 터키에서 만난 그들은 아무 조건 없이 나에게 모든 것을 주고 싶어했다. 부르사의 피리 부는 사나이는 가이드를 해주는 것도 모자라 찻값과 식사비까지 모두 자기 호주머니에서 꺼내놓았다. 파묵칼레의 한 버스 회사에서 일하는 할아버지는 내가 다른 가게에서 카파도키아행 표를 예약했다는 걸 뻔히 알면서도 굳이 사무실로 불러들여 차를 대접하고 포도를 나눠주었다. 상점에서 나올

때 내 손엔 포도 한 송이가 쥐어져 있었다.

카파도키아 주유소에서 화장실을 빌려쓰고 나왔을 때도 주유소 직원들은 말없이 우리에게 애플티를 내놓았다. 천천히 마시고 가라며 자리까지 내주었다. 기념품을 구경하러 간 상점에서는 나자레 본주(터키 전통 문양, 악마의 눈이라는 뜻이다) 모양의 예쁜 브로치를 왼쪽 가슴 언저리에 빼곡히 달아주었다. 이것을 달고 있으면 행운이 온다는 설명과 함께.

터키 사람들은 사진 찍히는 것을 무엇보다 좋아한다. 카메라를 들고 풍경 사진을 찍고 있으면 어느 틈엔가 내 뷰파인더 앞에 모습을 드러내고 찍어달라고 손짓을 한다. 신나게 사진을 찍고 돌아서면, 그들은 수줍게 다가와 종이와 펜을 내민다. 꼬깃꼬깃한 종이 위에는 지렁이처럼 꼬부라진 글씨로 꾹꾹 눌러 적은 주소가 있다. 메일 주소가 아니라 터키 시골 마을의 진짜 집 주소. 처음에 나는 잠시 어이없는 표정을 지었지만, 시골로 깊이 들어갈수록 내 노트에는 터키인들의 집 주소가 주체할 수 없을 정도로 많이 쌓여갔다. 보내줘야 할 사진이 수십 장, 수백 장으로 늘어난 셈이다.

터키의 재산은 광활하고 아름다운 자연이 아니라, 분명 살아 있는 사람들이다. 이스탄불의 영어 쓰는 사람들이 아니라면, 대부분의 터키인들은 순박하고 순수하다. 영어를 못해도 일단 말을 먼저 붙이고 본다. "하우 아 유!" 그들이 원하는 대답은 하나다. "파인 생큐 앤드 유?" 영어를 곧잘 하나 싶어 이야기를 진전시키면 얼굴이 벌개져서 손사래를 치며 도망간다. 그들은 그저 한마디 아는 영어로 어떻게든 내게 인사를 건네고 싶었던 것이다.

… 셸축의 밤은 서늘하게 빛나고

셸축을 여행하는 사람은 누구든 에페스 유적지로 향한다. 나 역시 셸축 여행의 하이라이트인 에페스 유적지로 가기 위해 무작정 돌무쉬에 올라탔다. 터키 버스인 돌무쉬의 시스템은 매우 독특하다. 내가 가격이 얼마인지 궁금해하자, 옆에 앉은 승객이 운임을 알려주고 거스름돈을 바꿔주었다. 손님들의 손을 거쳐 운전자에게 배달되는 버스 요금은 1.5리라. 정류장을 지날 때마다 사람들이 자꾸 올라타는 통에 나중에는 차 안이 식빵처럼 빵빵하게 부풀어올랐다. 그래서 이 버스의 이름이 돌무쉬인가? 옆에 앉은 남자는 돌무쉬가 '가득 차다'라는 뜻의 터키어라고 알려주었다.

에페스 유적지는 패키지 투어를 나온 사람들로 인산인해를 이뤘다. 오래전 셸축 투르크가 문명의 불꽃을 지폈을 그곳에서 관광객들은 팸플릿과 가이드북을 들고 터키의 영광을 복원하기 위해 바쁘다. 지금은 흔적도 거의 남아 있지 않은 고대 도시의 지도를 꼼꼼히 들여다보며 목욕탕과 시장, 도서관 자리를 구분하는 것이 무슨 소용일까 싶기도 하지만, 에페스 유적지에선 모두 약속이나 한 것처럼 그렇게 하고 있다. 나도 사람들 틈에 섞여 꼼꼼히 역사의 흔적을 훑어나갔다. 터키인의 자부심과 콤플렉스의 기원을 연구하면서.

터키의 역사는 사실 세계사의 찢겨진 역사나 다름없다. 중국 중심의 역사 교육을 받은 아시아 사람들은 터키의 조상들을 오랑캐의 다른 이름으로 기억했고, 유럽 사람들은 한때 이탈리아까지 밀고 올라왔던 오스만 투르크 제국의 영광을 망각하고 싶어 안달이 나 있었다. 하지만 터키인들은 알고 있다. 자신들의 역사가 과거에 얼마나 위대한 문명을 이루며 아시

이즈닉 가는 길에 폭우를 만났다. 안개처럼 부서지는 빗방울 사이로 마르마리해가 보인다.

새벽녘, 목화송이처럼 하얀 파묵칼레 언덕에 올랐다.
길동무는 강아지 세 마리.

터키의 태양은 페인트를 녹인다. 여기저기 부식된 흔적들

아와 유럽을 두루 휘젓고 다녔는지를. 터키는 단지 세계에서 유일하게 아시아와 유럽 두 대륙에 걸쳐 영토를 확보한 나라가 아니라, 역사 속에서도 양 대륙에 깊은 영향을 미친 거대한 나라다. 터키인들은 그 영광의 기억을 되새기며 살기 때문에 역사 이야기가 나올 때마다 필요 이상으로 자부심을 드러내곤 한다. 내가 터키 술 라키가 그리스 우조와 비슷하다고 말하자, 알리는 언짢아하며 이게 진짜 오리지널이라고 강조했다.

오르한 파묵은 한 인터뷰에서 "터키 사람들은 유럽의 일부가 되길 원

낡은 벽은 아름답다. 세월의 때가 곰삭아 있다.

하면서 한편으로는 전통문화인 이슬람 안에 남고 싶어한다"고 말했다. 내가 느낀 터키인들의 감정도 이와 비슷하다. 유럽은 그들 입장에서 보면 이상한 종교를 믿는 터키를 유럽권에서 따돌리려 하지만, 터키는 유럽을 짝사랑하고 동양에 한 발 걸치면서 질기도록 오래 살아남았다. 그래서 그 안쓰러운 역동성이 터키 곳곳에 힘과 에너지를 수혈해 주고 있는지도 모른다. 터키는 생명력 있게 움직인다. 이것은 몇 백 년간 아무 변화 없이 고즈넉한 유럽의 여느 도시에서는 느낄 수 없는 짜릿한 신선함이다.

해질녘 터키의 하늘은 성스러운 오렌지 빛이다.

···카파도키아 렌트카 여행

야간 버스를 타고 10시간가량 달려 도착한 카파도키아. 드넓은 터키의 정중앙에 자리잡은 카파도키아는, 새벽이 되자 실루엣 애니메이션의 한 장면 같은 빛과 어둠의 축제를 반복했다. 코발트빛으로 뒤덮인 하늘 사이로 검은 버섯 그림자들이 대충 널어놓은 빨래처럼 켜켜이 나부끼기 시작했다. 화성에는 아직 못 가봤지만, 화성에 도착하면 바로 이런 풍경이 펼쳐지지 않을까 확신하게 된다.

저녁 내내 커피와 빵을 서빙해 주고 손바닥 가득 콜로냐 향수를 뿌려줬던 친절한 버스 안내원은 "여기가 바로 네가 내려야 할 괴레메 마을"이라며 부랴부랴 내 짐을 길바닥에 던져놓았다. 모두 어디를 향해 가고 있는지, 나와 함께 내리는 사람은 아무도 없었다. 창밖에서 펼쳐지는 실루엣 애니메이션의 세계를 감격스럽게 바라보고 있던 나는, 새벽 6시 화성을 닮은 수상한 마을에 불시착했다.

도시는 침묵에 빠져 있었다. 호텔조차 문을 열지 않은 이른 시간, 나는 막연히 도시를 굽어볼 수 있는 높은 산마루를 향해 걸어가기 시작했다. 슈트케이스 바퀴에 돌멩이가 자꾸 걸려들었다. 내 가방의 바퀴는 낚시 바늘도 아닌데 돌을 잘도 집어삼킨다. 쌀쌀한 몸을 감싸기 위해 가방 문을 여니 한쪽 지퍼가 뭔가에 끼인 것처럼 잘 움직이지 않는다. 모든 게 엉망이지만, 감동적인 풍경만큼은 변함없이 그대로다.

새벽 7시가 다 되어갈 무렵, 결국 나는 빈 방 하나를 얻었다. 카파도키아 전경이 훤히 내다보이는 전망 좋은 동굴 호텔이었다. "진짜 동굴이네요!" 신기해서 탄성을 내지르자 호텔 주인은 "에르지에스 산에서 터져나온 용암이 응고되어 거대한 돌무덤을 이루고, 그 돌 위에 바람이 거쳐간 흔적이 남아 이런 기괴한 지형이 형성되었다"고 알려주었다. 카파도키아는 스머프 마을의 모델이 된 곳으로 유명하다. 마을에 도착하는 순간, 누가 알려주지도 않았는데 나는 이미 머릿속에 스머프 마을을 떠올리고 있었다. 버섯 모양의 집들 사이로 가녀린 불빛이 반딧불처럼 새어나오고 있었다. 동화 속 한 장면처럼.

사람들은 이 잘게 부서지기 쉬운 황톳빛 산을 깨끗이 파내고 집을 만들어 '숨어 있기 좋은 방'을 지었다. 카파도키아의 호텔은 그래서 모두 이런 동굴 안에 만들어진 자연 호텔이다. 옛날 사람들이 이 마을로 흘러들어

유럽과 아시아의 경계, 보스포러스 해협에 있는 갈라타 다리

온 것은 종교 박해를 피하기 위한 것이었다고 한다. 터키의 크리스천은 이슬람 세력을 피해 이곳으로 숨어들었고 자기 방식대로 교회를 만들어 하느님을 섬겼다. 그 흔적은 괴레메 국립공원과 지하 도시에 고스란히 보존되어 있다.

 몇십 년 전까지만 해도 이곳에 살았던 사람들은, 붕괴 위험이 지적되어 삶의 터전을 다른 도시로 옮겼다. 불과 50여 년 전의 일이었다. 사람들이 숨어 살았던 흔적을 밟으며 걸어다니는 것은 묘한 느낌이다. 나는 동굴 안에서 불을 지피고 스튜를 끓이고 양고기를 구웠을 어느 여인네의 가파른 등을 상상한다. 숨어 있기 좋은 방에서 아이를 낳고 세월을 흘려보냈을 그들의 일상을 상상한다.

파묵칼레 호숫가에 소풍을 나온 어머니와 아들

…정열적인, 너무도 정열적인 구애

터키 사람들의 애정 표현은 지나치게 정열적이어서 가끔 부담스럽게 느껴지기도 한다. 파샤바 앞 기념품 코너에서 예쁜 팔찌와 치마를 만지작거리며 아이쇼핑을 즐기고 있는데, 카우보이모자를 눌러 쓴 터키 남자가 막대기 하나를 들고 장난을 걸어왔다.

"이 길을 지나가려면 막대기를 통과해야 해요. 돈을 내고 가세요! 돈이 아니라면 볼에 뽀뽀를 해주세요." 내가 난처한 표정을 지으며 돌아서려고 하자, 남자가 황급히 꼬리를 내리며 친구가 되고 싶어 장난을 좀 친 것뿐이라고 사과했다.

하지만 이 남자의 친구 개념은 정말이지 한국 여자들이 생각하는 그런 친구가 아니었다. 친구가 되고 싶다는 말에 순순히 남자의 손에 이끌려 상점 안을 구경했더니 이슥한 곳으로 끌고 가 키스를 하려고 덤볐다. 내가 흠칫 놀라 우리는 그저 친구일 뿐이라고 강조하자, 친구끼리는 키스를 하면 안 되냐고 되물었다. "그럼 적하고 키스하나요?"

오래전 보았던 〈스텔라〉의 대사가 기억났다. 어린 시절부터 친구로 지냈던 존 굿맨과 배트 미들러가 중년이 되어 드디어 서로를 알아본 후 침대에 누워 나눴던 대사. 존 굿맨이 묻는다. "당신, 왜 그동안 나하고 데이트 해 주지 않았지?" 배트 미들러는 당연하다는 듯 대답한다. "당신은 그냥 친구였잖아요." '그냥 친구'라는 말에 존 굿맨이 의아해하며 던진 대사가 가관이다. "그럼 결혼은 적하고 해야 하나?"

카우보이모자를 눌러쓴 느끼한 터키 남자가, 바로 그 존 굿맨의 대사를 읊조리고 있었던 것이다. 푸후, 웃음이 나왔지만 나는 처음 만난 남자를, 그것도 서로에 대해 아무것도 모르는 남자를 친구로 받아들일 준비가 되어 있지 않았다. 그는 장담했다. 오늘 밤 나와 데이트를 하게 된다면, 넌 나와 친구가 되고 싶어질 거라고. 친구가 되면 당연히 키스를 하고 싶어질 거라고.

터키 남자는 어떻게 겨우 10분 전에 만난 여자에게 사랑을 얻어낼 수 있다고 장담하는 것일까. **뺨을 한 대 때려주고 싶은 마음을 꾹꾹 누르며 돌아서는데, 그가 사랑의 징표라며 예쁜 팔찌 하나를 손목에 끼워주었다. 뻔뻔하지만 귀엽다.** 나는 이 느끼한 남자에게 가짜 메일 주소를 하나 적어 주고 겨우 자유의 몸이 되었다.

···터키의 속살을 훔치다

　카파도키아에선 내내 자동차를 몰고 다녔다. 투어상품을 이용하는 대부분의 관광객들은 떼 지어 우흐랄라 계곡을 가로지르고 로즈 밸리를 구경하지만, 나는 사람들과 함께 몰려다니는 투어보다 자유로운 렌터카 여행을 하고 싶었다. 렌터카 모임이 긴급 조직되었다.
　시내를 가로질러 시골 마을로 들어가보았다. 사람들이 모두 몰려나와 우리들을 에워싸고 놓아주지 않았다. 우연히 만나 공놀이를 함께 하게 된 소녀는, 떠나는 우리를 붙잡고 눈물을 훔쳤다. 매일 같은 삶을 지루하게 되풀이하고 있는 시골 소녀에게, 우리는 오랜만에 찾아온 일상의 파격인지도 몰랐다. 겨우 30분간 함께 논 사람들 때문에 눈물을 훔치는 터키 사람들. 그래서 그들은 10분 안에도 사랑에 빠질 수 있다고 장담하는 것일까. 터키 사람들의 넘치는 사랑에 혀가 내둘러진다.

낮에는 관광을 다니고 밤에는 카파도키아산 와인을 마시며 자유롭게 정신을 놓아버린 지 어느새 3일째. 카파도키아의 마지막 밤이 시작되고 있었다. 카파도키아에서 급조된 렌터카 모임 친구들은, 함께 일몰 포인트에 올라 터키를 상징하는 초승달을 바라보며 소원을 빌기로 했다. 그런 짓을 한다고 소원이 이뤄진다는 이야기는 한 번도 들어본 적이 없지만, 어쩐지 광대한 자연 앞에 서자 우리는 모두 그렇게 하고 싶어졌다.

성스러운 밤이었다. 아무도 쉽게 대화를 시도하지 못했다. 이래서 카파도키아는 일찍부터 종교인들의 성지가 되었던 것일까. 나는 화성을 닮은 황토색 언덕으로 기어올라가 숨을 크게 들이마셨다. 흙바람 냄새 사이로 새콤한 오렌지 향이 퍼져나가는 것 같았다. 푸른 어둠이 오렌지빛 하늘을 부드럽게 집어삼키고 있다. 역시 시간이 만들어낸 예술은, 그 어떤 조각품보다 위대하다. 이 위대한 자연 안에 순박한 사람들이 살고 있다는 것, 내가 그들을 만나 정신의 교감을 나눴다는 게 제법 뿌듯하게 느껴졌다. 나는 터키의 속살을 만진 셈이다.

Single Traveler's Route
:: 터키

터키 이스탄불 IN ➡ 이즈닉 ➡ 부르사 ➡ 주말르크즈 ➡ 쿠사다시 ➡ 셀축 ➡ 쉬린제 ➡ 파묵칼레 ➡ 카파도키아 괴레메, 위르컵, 네브쉐히르 ➡ 이스탄불 OUT

※예상 경비 : 2주 약 180만 원

최고의 코스
Must do item 10

#1. 세마 공연 즐기기

흰 옷을 입고 고깔 모양의 모자를 쓴 남자들이 30분 넘게 빙빙 도는 모습은 처음엔 신기하다가 나중엔 사뭇 성스럽고 아름답게 느껴진다. 흔히 수피 댄스라고 불리는 세마 의식은 수피즘의 수행 방법 중 하나다. 수피즘은 검소한 생활과 평등의식을 강조하는 이슬람의 한 종파. 부르사나 콘야의 메블라나 센터에서 무료로 세마 의식을 관람할 수 있으며, 오리엔트 특급 열차의 출발지로 유명한 이스탄불 시르케지 역에서도 공연을 관람할 수 있다. 단, 시르케지 역 공연은 공연비 25리라를 내야 한다.

#2. 에미노뉘 항구에서 크루즈 타기

지하철이나 트램을 타고 에미노뉘 역에서 내려 항구 쪽으로 걸어가면 각종 크루즈 선착장이 나온다. 비싼 전세 크루즈를 이용하라고 유혹하는 사람들이 많지만, 적당히 무시하고 선박 대중교통인 퍼블릭과 트루율 크루즈를 이용하자. 1시간 30분가량 아시아와 유럽의 경계선인 보스포러스 해협을 돌아볼 수 있다. 배 안에서 신선한 오렌지 주스와 진한 터키식 커피를 판매한다. 승차 요금은 6리라.

#3. 고등어 샌드위치 맛보기

에미노뉘 항구는 비릿한 생선 냄새로 가득 채워져 있다. 대충 찢은 밀가루 빵 사이에 야채를 깔고 잘 구운 고등어 반 마리를 올려놓는 남자들의 손길이 예사롭지 않다. 사람들은 빵의 길게 찢어진 입술을 벌려 레몬즙과 소금을 뿌린 후 길거리에 대충 기대 앉아 덥석덥석 이 빵을 잘도 베어먹는다. 처음엔 조금 비릿하게 느껴졌던 고등어 샌드위치는 의외로 중독성이 강했다. 큼지막한 빵 한 덩어리가 금세 손바닥에서 사라진다. 홍합 사이에 야채를 섞은 밥을 꽉 채워넣은 미드예(홍합밥)도 빼놓을 수 없는 별미. 값싸고 맛좋은 해산물을 먹으며 바다를 바라보고 있으면, 용트림치는 이스탄불의 번잡함이 너무나도 사랑스러워진다.

#4. 이즈닉 타일 공방에서 모스크의 비밀 엿보기

이즈닉은 터키의 가족 휴양지이자 아름다운 수공예 타일 생산지로 유명한 마을이다. 이슬람 사원 내부에 장식된 타일이 대부분 이즈닉에서 만들어졌다. 타일 공방에서 만난 한 공예가는 내가 이즈닉 타일의 모양이 신기하다고 말하자, 이건 생각보다 아주 지루한 작업이라고 푸념했다. 사실 만들어진 타일은 아주 근사했지만 하루 종일 공방에 앉아 작은 타일에 그림을 그리는 삶은 그녀 말대로 아주 지루해 보였다. 그래서일까. 이즈닉 공방에서 만난 여자들은 담배를 무지하게 많이 피운다. 유일한 낙이 담배인 것처럼. 공방 안의 자욱한 담배 연기가 타일 문양을 더욱 몽환적으로 만들어준다.

#5. 차이 집에서 터키 전통 생음악 감상

터키 전통 악기인 사즈와 피리, 노랫가락이 어우러진 전통 차이 집에는 나이 지긋한 할아버지들이 잔뜩 모여 있다. 꼭 터키 경로잔치에 초대된 것 같다. 그래도 실례를 무릅쓰고 들어가보자. 인심 좋은 터키인들이 너나 할 것 없이 자리를 내주고 애플티를 대접한다. 차이 집에선 누가 가수고 구경꾼인지 도통 분간하기 어렵다. 연주를 즐기던 사람이 갑자기 흥에 겨워 노래를 부르고, 옆에 앉은 사람이 다시 노래를 이어받는 일이 반복된다. 그야말로 흥겹고 신나는 놀이판이다.

#6. 쉬린제 마을에서 와인 쇼핑

돌무쉬를 타고 셀축에서 40분 정도 가면 작고 아담한 쉬린제 마을이 나온다. 쉬린제의 와인 숍 주인들은 한국인을 아주 좋아하기 때문에 와인 몇 잔을 시음하다 보면 금세 친구가 될 수 있다. 이왕 쉬린제 마을에 왔다면 이곳에서 점심도 먹고 차도 마시면서 느긋하게 한가로운 터키의 오후를 즐겨보자. 산책을 하다 보면 자기 집으로 들어오라고 손짓하는 아주머니를 만나게 될지도 모른다. 절대 나쁜 사람이 아니니 따라가서 터키의 가정집을 구경해 보자. 그녀가 부지런히 차와 과자를 내올 것이다.

물론 공짜는 아니다.

#7. 파묵칼레 새벽 산책

목화솜처럼 하얀 파묵칼레 온천에서 한낮에 수영을 즐기는 것은 살을 빨갛게 익히겠다고 작정하고 덤비는 것이다. 너무 더워서 덥다는 소리조차 내지 못할 정도로 열기가 뜨겁다. 살 타는 게 걱정스러운 사람은 새벽녘에 일찍 파묵칼레를 산책하는 것도 괜찮다. 7시 이전에 가면 매표소가 비어 있다. 공짜 입장 가능! 아무도 없는 온천을 지나 천천히 로마 유적지까지 올라가보자. 한적하고 고요하다. 나름 운치 있는 새벽 산책을 즐길 수 있다.

#8. 카파도키아 렌터카 여행

에어컨이 달려 있는지, 기어 차인지 오토 차인지에 따라 가격이 달라진다. 오토 차는 구하기 어려우므로 기어 차를 빌리는 것이 좋다. 보통 1일 렌트비는 50달러, 2박3일에 100달러 정도면 차를 빌릴 수 있다. 하지만 터키 기름 값은 만만치 않은 수준. 1리터당 한화로 2천 원 이상 한다. 팀원을 4~5명 모으면 투어를 신청하는 것보다 저렴하게 카파도키아 여행을 즐길 수 있다. 길을 몰라 헤맬 때도 있지만, 이것이 바로 여행의 묘미. 숙소에서 나눠준 카파도키아 지도 한 장이면 어디든 찾아갈 수 있다.

#9. 항아리 케밥 맛보기

항아리째 구워져 나오는 고기를 먹으려면, 일단 누군가 항아리를 도끼로 깨야 한다. 이것은 일종의 이벤트처럼 진행된다. 일행 중 한 명이 항아리를 깨면 나머지 사람들이 박수를 치며 흥을 돋운다. 항아리 속에는 맛좋은 소스에 버무린 고기가 담겨 있는데, 꼭 우리나라 갈비찜과 비슷한 맛이 난다. 여기에 라이스 필라프를 곁들여 먹으면 금상첨화. 카파도키아는 셀축과 더불어 터키 여행지 중 기념품이 가장 저렴한 곳이니 이곳에서 미리 선물을 구입해 두는 것도 괜찮다.

#10. 분위기 있는 저녁식사

터키의 카페가 무조건 싸다고 생각하면 큰 오산이다. 관광객이 주로 찾는 술탄 아흐멧 지역의 번화가나 여행자 거리(아크비이크), 터키의 명동 격인 탁심 거리에선 맥주 한 잔 가격이 10리라가 넘는다. 하지만 분위기를 조금 잡고 싶다면 저녁나절 고급스러운 바에서 간단한 저녁과 맥주를 마셔보는 것도 나쁘지 않다. 여행자 거리 근처 오리엔탈 호텔 정원에 있는 펍에선 일주일에 한두 번 벨리 댄스를 무료로 공연한다.

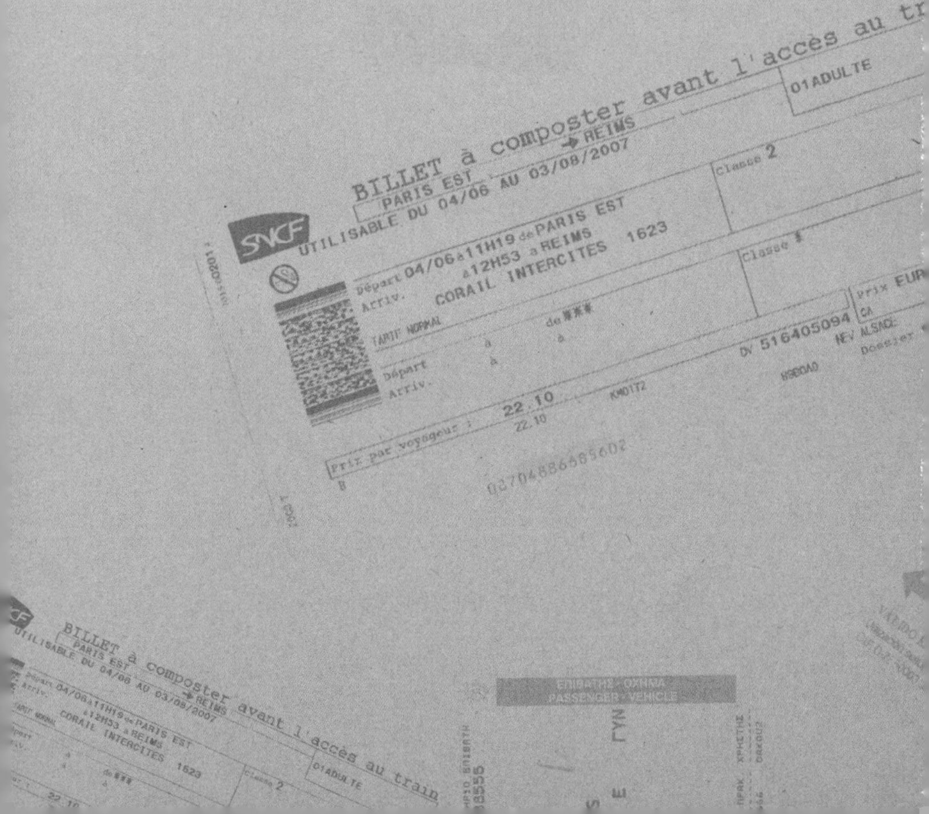

Walkway 4.
하얀 여름, 파란 오후

그리스 북부와 지중해 섬 일주

나는 오직 잠을 자고 싶었다.
그리스 섬마을에서 미라처럼 단정히 누워 먼 바다를 물끄러미 응시하고 싶었다.

…싸구려 여관방을 탈출하라!

여름이었다. 아크로폴리스는 50도에 육박하는 열기를 토해내며 아지랑이처럼 흐물흐물 변해가고 있었다. 신발 밑창이 녹지나 않을까 자꾸 발바닥을 들여다보게 된다. 호흡이 가빠진다. 〈안개 속의 풍경〉에서 볼라와 알렉산더 남매가 뛰어다녔던 습기 가득한 그리스 대지는 눈을 씻고 찾아봐도 없다. 인생의 절정처럼 찬란한 햇살만이 도시 구석구석을 꼼꼼히 비추고 있다.

그리스에 오기 전 나는 고대 영혼이 숨 쉬는 이 나라에서 오직 잠을 자고 싶었다. 싸고 깨끗한 싱글룸에 미라처럼 단정히 누워 창틀의 프레임에 걸린 해를 무심히 바라보고 싶었다. 몸이 탈진해 있었던 탓이다. 하지만 싼값에 덜컥 예약한 아테네의 숙소는 가히 긴급 대피소 수준이었다. 점찍어 둔 호스텔은 만원사례. 새로운 숙소를 찾느라 오래 헤맨 탓에 이성이 점점 흐려져가고 있었다. 숙소는 너무 비싸거나 방이 없거나. 힘겨운 헛걸음을 20분쯤 했을 때, 기적적으로 싼 숙소가 눈에 들어왔다. 싸도 너무 싸서 여태껏 이런 곳을 만나려고 이 고생을 한 것일까, 나는 잠시 속으로 쾌재를 불렀다.

그.러.나. 침대에 몸을 눕히려고 시트를 들췄을 때 미친 듯이 튀어나오는 다리 여섯 달린 괴물들. 침대 옆에 어색하게 붙어 있는 간이 세면대에는 누군가가 흘리고 간 땟자국이 이상한 지도를 그리며 말라가고 있었다. 오, 이런 곳이라면 하루 저녁도 잘 수 없을 것 같다. 주인은 이미 지불한 돈을 돌려줄 마음이 눈곱만큼도 없어 보였다. 누구든 그럴 것이다. "다들 우리 집에서 아무 불평 없이 자고 갔는데 너만 왜 유독 깨끗한 척하는 거지?" 이 숙소는 어찌 됐든, 힘들고 배고픈 어린 양들을 싼값으로 유인하는 재주밖에 가진 게 없는 곳이다.

10유로쯤 적선 냄비에 기분 좋게 던져버렸다고 생각하고, 나는 당장 아테네보다 훨씬 작고 소박한 마을로 떠나기로 결심했다. 내 레이더망에 걸린 도시는 아테네에서 180킬로미터 떨어진 해발 500미터 높이의 고대 도시 델피. 오래전 그리스인들이 '지구의 배꼽'이라고 철석같이 믿었던 돌덩어리를 가슴에 품고 있는 바로 그 전설의 마을이다. 실제로 델피 박물관에는 '옴파로스'라는 이름의 '지구의 배꼽'이 천연덕스럽게 전시되어 있

테살로니키 아리스토텔레스 광장

었다(나중에 알고 보니 이건 모조품이라고 한다). 유명세에 비해 너무나도 겸손한 모습으로 누워 있는 지구의 배꼽. 그 귀여운 상징물을 만난 것은 다음날 아침이었다.

···지구의 배꼽 혹은 세상의 중심

전 국토의 70퍼센트가 크고 작은 산으로 둘러싸여 있는 그리스는 도시와 도시 사이의 이동이 수월치 않은 고립 사회다. 이 마을 사람들은 저 마을 사람들에 대해 많이 알지 못했고, 그렇기에 오랫동안 서로를 적으로 규정하며 살았다. 폴리스(고대 도시 국가)는 그리스 전역의 산자락에서 들불처럼 일어났다가 한순간에 폐허로 변했다. 누구보다 먼저 도시를 형성했지만 오래 살아남지 못했던 문명의 최후를 지켜보는 건 조금 서글픈 일이다.

델피의 아폴로 신전은 오래전 무시무시한 신탁이 내려진 장소로 유명하다. 오이디푸스의 아버지인 라이오스 왕이 제단 앞에 섰을 때, 신은 불길한 저주를 무심히 내뱉었다. "너는 앞으로 태어날 네 아들에게 죽임을 당할 것이고, 아들은 네 어머니와 몸을 섞을 것이다." 역사는 예언이 단지 예언으로 끝나지 않았다는 것을 기억하고 있다. 태양이 내리쬐는 델피 신전 앞에서 나는 오래전의 예언을 상상했다. 망연자실한 라이오스 왕이 신 앞에서 무릎을 꿇고 흐느끼는 광경이 훤히 그려지는 것 같다.

처음 델피에 도착했을 때 나는 이 도시의 고상한 불빛에 완전히 매료되었다. 산등성이에 조용히 자리를 튼 이 도시는, 귀여운 노란색 전등을 품에 앉은 채 얌전히 빛나고 있었다. 충분히 사랑할 수 있을 것 같은 도시다. 나는 아테네의 싸구려 숙소가 아니라 델피의 예쁜 싱글룸에 누워 있다는 사실이 믿기지 않아, 산등성이에서 불어오는 밤바람을 붙잡기 위해 손을 길게 뻗었다. 이것이 혹시 자유의 냄새일까. 멀리서 건조한 흙바람 냄새가 불어왔다.

나는 〈베티 블루 37.2〉에서 미치광이 베티가 던진 대사를 기억해 냈다.

"창밖을 봐. 바람이 불고 있어. 하루는 북쪽에서, 하루는 서쪽에서. 인생이란 그런 거야. 우린 그 속에 있다고."

바람이 불고 있었다. 살랑거리는 바람이 머리카락을 기분 좋게 매만져 주었다.

나는 위험하지 않은 밤거리를 만났을 때 살짝 흥분하는 경향이 있다. 델피의 밤은 위험해 보이지 않아 좋았다. 카메라를 들고 사진을 찍다 보니 하루 종일 아무것도 먹지 않았다는 사실이 떠올랐다. 확성기를 단 배꼽시계가 으르렁거리며 밥을 찾고 있었다. 나를 위한 만찬을 준비해도 좋은 저녁이다. 나는 너무 비싸 보이지 않는 캐주얼 레스토랑에서 무려 세 개의 음식과 500리터짜리 빅 사이즈 맥주를 시켜놓고 혼자만의 파티를 벌였다.

···그리스인 조르바의 구애 작전

알아들을 수 없는 그리스 드라마를 보며 천천히 요리를 즐기는 동안, 주인 남자는 주방에서 흘끔흘끔 내 테이블을 훔쳐봤다. 나는 식탁 주변을 서성거리는 주인장에게 간간히 미소를 건넸다. "음식이 너무 맛있어요! 요리 솜씨가 끝내주네요!" 내 칭찬에 기분이 좋아진 주인장이 새로운 맥주의 주둥이를 북북 닦더니 뚜껑을 벌컥 열었다. "어, 난 새로운 맥주를 시킨 적이 없는데." "이건 서비스야! 미안해하지 말고 즐겁게 마셔!"

내 배는 이미 부를 대로 불러 있었지만 주인장의 성의를 무시할 순 없는 노릇이라 꾸역꾸역 남은 맥주를 모두 마셔버렸다.

주인장은 아무 말 없이 내 옆에 나란히 앉아 위스키 온더락을 홀짝거렸다. "치어스, 치어스!" 조르바를 닮은 사내와 나는 의미를 알 수 없는 그리스 드라마를 함께 보며 서로 다른 술을 마셨다. 갑자기 남자의 유혹이 시작됐다. 세계 어느 곳에서나 술로 여자를 유인하려는 남자들의 버릇은 여전한 것일까. 마지막 맥주를 비우고 일어나려 하자, 그의 건장한 손아귀에서 새로운 맥주병이 벌컥 열렸다. 분위기가 점점 모호해지기 시작했다. 맥주를 따르다 말고 조르바가 간절한 눈빛으로 말했다.

"너와 키스하고 싶어."

나는 마시던 맥주를 켁켁거리며 단호하게 잘라 말했다. "내가 왜 당신과 키스를 해야 하죠?" 하지만 불타는 눈빛의 이 남자, 생선을 코앞에 둔 고양이처럼 완강하게 내 손목을 붙잡고 놓아주지 않는다. "오늘 밤을 너와 함께 보내고 싶어. 진심이야."

나는 너무나도 난감한 프러포즈에 어쩔 줄을 모른 채 손바닥만 계속 휘저었다.

아멜리 노통브의 소설에는 이런 글귀가 나온다.

"열여섯에 옷을 벗는 것은 부끄러운 일이다. 스무 살에 옷을 벗는 것은 가슴 떨리는 일이다. 서른 살에 옷을 벗는 것은 이미 익숙한 습관이다."

하지만 서른여섯 살의 나는 아직 옷 벗는 것을 익숙한 습관으로 받아들이지 못했다. "난 너에 대해 아는 게 아무것도 없어. 난 모르는 남자와 키스하지 않아." 내 손목을 그러쥔 손아귀에 힘이 잔뜩 들어갔지만, 다행히 그는 생각보다 순진한 조르바였다. 여러 차례 유혹하고 조르길 반복하다가 결국 한 발 물러섰다. "난 그냥 너와 밤새 춤을 추고 싶을 뿐이야. 키스가 싫다면 이 근처 댄스홀에서 춤만 춰도 좋을 텐데."

레스토랑 안은 텅 비어 있었고 나는 이 남자의 동물적 욕망에 이미 위협을 느낀 후였다. 아무렇지 않게 춤을 추기엔 우리 관계가 너무 멀리 와버린 것이다. 나는 빨리 이 어색한 상황에서 벗어나고자 계산서를 손에 쥐

세상의 고양이들은 모두 유럽에 모여 있는 것일까?
군단을 형성한 고양이들이 담장 사이를 어슬렁거린다.

고 오늘 먹은 밥값이 얼마냐고 물었다. 그러자 그의 눈동자가 가볍게 흔들렸다. 그의 눈동자는 이렇게 말하고 있었다. "우리 사이에 무슨 밥값을 내려 하는 거지?" 그날 내가 먹은 식사 요금은 족히 30유로가 넘었다. 하지만 그는 내 돈을 극구 사양했다. 돈을 받지 않겠다고 우기는 남자에게 애써 돈을 쥐어주고 달아날 수는 없는 노릇이라, 나는 무뚝뚝하게 인사를 건네고 숙소로 발길을 돌렸다. 돌아오는 길에 나는 결국 터져나오는 웃음을 참지 못했다. 푸하, 몸을 팔아서 저녁을 해결한 기분이랄까. 가벼운 키스의 대가치고는 너무 센 팁을 받았다는 생각에 기분이 조금 착잡했다.

···굿 나이트 칼리스페라!

다음날 아침 눈을 떴을 때 내 방 창문 사이로 말라비틀어진 산등성이가 건장하게 서 있는 모습이 보였다. 흰 비듬이 내려앉은 것처럼 희끗희끗한 산등성이는 어떤 생명체라도 단 1분 안에 모두 말려버릴 것처럼 지극히 건조해 보였다. 그리스의 산은 대체로 이런 식이다. 이 뜨거운 여름날 허허발판이나 다름없는 신전을 걸어다니는 것은 너무 끔찍한 일이다.

나는 아침 일찍 델피 신전을 돌아본 후 한낮의 태양을 피해 침대에서 꼼지락거렸다. 가끔 물을 사러 길거리에 나가 보면 모두 나와 비슷한 방식으로 뜨거운 오후를 견디고 있는 것인지 거리엔 강아지 한 마리 지나다니지 않았다. 촬영이 끝난 세트장처럼 조용한 동네는, 황폐하지만 아름답다. 나는 5만 년 전 이 먼 산등성이에 인간이 길을 내고 살았다는 게 신기해서 동네 구석구석을 두리번거렸다. 이 깊숙한 산골 마을에 멋진 집을 짓고 신

전을 세우고 투표를 하고 사랑을 하면서 살았다는 게 신기했다. 이곳이 세상의 중심이라고 철석같이 믿었다는 게 신기했다.

낮 동안 죽은 듯이 고요했던 마을이 깨어난 시간은 저녁 8시 무렵. 어딘가에 처박혀 꿈쩍도 하지 않던 사람들이 문 밖으로 기어나와 도란도란 수다를 떨기 시작했다. 더위에 지쳐 있던 관광객들도 밥을 먹기 위해 길거리로 뛰쳐나왔다. 마을에는 산꼭대기의 집과 호텔, 주요 유적지들을 연결해 주는 예쁜 기차가 공짜로 운행되고 있었다. 나는 철 지난 유원지의 꼬마 기차처럼 생긴 열차를 타고 마을을 한 바퀴 돌기로 했다. 이 버스를 탄 사람들은 관광객이 아니라 대부분 마을 사람. 정거장도 분명하지 않고, 출발 시간도 정확하지 않다. 운전기사는 지나가는 사람들에게 부지런히 인사를 건네고 칭얼거리는 아이를 달래며 여유롭게 운전을 했다. 이것은, 진짜 마을버스다!

심지어 이 버스는 아직 정류장에 도착하지 않은 사람들까지 느긋하게 기다려준다. 한 남자가 운전기사에게 "친구들이 곧 도착할 예정이니 조금만 기다려 달라"고 하자, 운전기사는 흔쾌히 그의 요구를 들어주었다.

기차가 정차한 곳은 하필이면 어젯밤 내게 유혹의 손길을 뻗쳤던 주인장이 운영하는 레스토랑 앞. 그의 가게는 길가에서도 훤히 들여다보이는 투명 유리로 되어 있었다. 다시 말해 이건 조르바가 조금만 고개를 돌리면 내 모습을 볼 수 있다는 것을 의미했다. 나는 얼떨결에 엷은 키스를 나눴던 이 남자의 옆모습을 오랫동안 훔쳐보았다. 마침 그의 가게에는 손님이 너무 많아 나에게 시선을 줄 여유 따위는 없어 보였다. 그의 옆에는 빨간

색 티셔츠를 입은 여자가 함께 서 있었다. 그녀는 그의 부인일까, 종업원일까?

나는 어쩌면 이제 다시 볼 수 없을지 모를 그 남자를 향해 먼발치에서 작별의 키스를 보냈다. "굿 나이트, 칼리스페라!" 어제 조르바에게 배운 그리스식 인사를 건네며 혼자 멋쩍게 웃어대는 밤. 나는 양옆으로 뻥 뚫려 있는 기차 사이로 불어오는 밤바람을 즐기며 이 마을 사람들의 여유를 훔쳐봤다.

미코노스 일몰 풍경. 사람들은 바에 모여 축배의 잔을 부딪친다.

···메테오라 걷기 수행

 절벽 위의 수도원 사진을 처음 본 것은 아테네의 싸구려 숙소를 탈출하기 위해 안간힘을 쓰던 무렵이었다. 인터넷의 바다를 유영하다가 우연히 발견한 사진 한 장. 합성 사진처럼 기괴한 수도원의 모습에 매료되어 예정에도 없던 메테오라행을 결심했다. 그때까지만 해도 그리스의 도로 사정이 다른 유럽 국가와는 판이하게 다르다는 사실을 전혀 알지 못했다. 지도상으로 족히 몇 시간이면 갈 수 있는 도시가 실제로 움직여보면 열 시간이 넘는 장거리 여행이 되기 일쑤였다. 그리스 기차는 직행이 별로 없고 노선도 복잡하다. 기차보다 버스 여행이 낫다는 사실을 알지 못한 나는,

도심의 저녁은 섬 마을의 저녁과 느낌이 많이 다르다.

덜컥 기차표를 끊었다. 그것도 직행이 아니라 몇 차례를 갈아타야 하는 완행열차를.

우여곡절 끝에 당도한 메테오라는 공중에 떠 있는 수도원을 대여섯 개나 머리에 이고 있었다. 산꼭대기를 향해 길게 나 있는 길을 정처 없이 걷다 보니 양옆으로 기괴한 바위 위에 위험하게 얹어진 예쁜 집들이 심심치 않게 눈에 띈다. 모두 수도원이다. 수녀들만 살았던 스테파노스 수도원과 수사들이 거주한 메테오른, 발람, 성 트리니티 수도원 등 모두 제각기 수행의 삶을 살았던 흔적을 보물처럼 간직하고 있다.

꼼지락거리다가 아침 일찍 출발하는 수도원행 버스를 놓친 나는, 택시를 타고 메테오른 수도원으로 향했다. 탄성이 절로 나오는 풍경이 펼쳐지고 있었다. 한 시간 동안 꼼꼼히 메테오른 수도원을 구경하고 내려올 때까지만 해도 다음 수도원으로 이동할 방법 같은 건 고민하지 않았다. 튼튼한 두 다리만 있으면 가지 못할 곳 따윈 없다고 굳게 믿었기 때문이다. 하지만 상점 주인에게 다른 수도원으로 가는 길을 물었을 때 아저씨의 반응은 조금 이상했다. "정말 거기까지 걸어갈 생각이야? 넌 정말 용기가 대단하구나."

행군이 시작되었다. 이것은 수도사의 길이자 고행의 길이다. 머리 꼭대기에 걸린 햇살 한 줌이 내 온몸의 수분을 몽땅 빨아들일 듯 성가시게 덤벼들었다. 나는 말린 대추처럼 붉고 쪼그라진 얼굴로 저 높은 곳에 떠 있는 수도원을 물끄러미 올려다보았다. 오르지 못할 나무를 쳐다보는 아이의 심정이 이런 것일까. 상점 아저씨가 왜 나를 '용기 있는 사람'이라고 칭찬했는지 이해할 만했다.

싱가포르에서 온 까무잡잡한 피부의 재클린을 만난 것은 스테파노스 수도원으로 향하는 산등성이에서였다. 나는 내 앞에서 씩씩하게 걷고 있는 여자아이를 바짝 뒤쫓았다. "어디 가는 거니?" "그냥 걷고 있는 중이야." "나도 그냥 걷고 있는데." 우리는 단박에 용기 있는 동행자가 되기로 했다. 원래 메테오라 여행은 택시를 대절하거나 자동차를 렌트해서 가는 게 일반적이지만, 가난한 배낭여행자이자 똥고집이 대단한 우리는 걸어야 더 많은 것을 볼 수 있다는 데 동의했다. 산 중턱에서 만난 홍콩 아가씨 세 명이 택시비가 아주 싸다는 사실을 알려주었지만, 우리는 주먹을 불끈 쥐고 끝까지 걸어가는 여행을 하자고 결의를 다졌다. "돈이 문제가 아니야. 수도원에선 고행을 하는 게 맞는 거지."

오래전 수도원 사람들은 오직 도르래를 이용해 음식을 나르고 세상과 멀리 떨어진 곳에서 신과 만났을 것이다. 투르크 족의 지배가 엄격했던 시절, 과거의 영화를 뒤로 하고 투르크의 일개 부족으로 전락한 그리스 사람들은 이슬람의 종교 박해를 피해 스스로 바위 언덕 위에 갇혔다. 신은 저 높은 곳에 있었고, 속세는 아득히 멀었다. 어중간한 바위섬에 떠 있던 수도원 사람들은 하늘과 땅의 중간 지대에서 무슨 생각을 하며 살았을까.

재클린은 마을로 내려가는 내내 환한 미소를 지으며 메테오라 수도원의 장대함을 칭찬했다. "싱가포르는 쇼핑밖엔 아무것도 할 게 없는 곳이야. 하지만 이곳은 달라! 너무 멋지지 않니?" 나도 대꾸했다. "한국도 범퍼카 놀이밖에 아무것도 할 게 없는 나라야. 이곳은 너무 멋져! 지도에 없는 마을에 온 것 같아." 아시아의 소국에서 온 우리는, 그리스 수도원의 경건함 앞에서 고개를 숙일 수밖에 없었다.

···산토리니행 페리에서 일출을 보다

산토리니행 야간 페리는 저녁 8시에 출발했다. 연인들이 가장 가고 싶어하는 낭만의 섬 산토리니. 이민 가방처럼 큼지막한 배가 피레우스 항구를 빠져나가기 시작했다. 뱃고동 소리를 울리며 긴 항해를 시작하는 배 안에서 사람들은 일찌감치 자리를 깔고 눈 붙일 채비를 한다. 오래전 아틀란티스의 일부였던(확실한 것은 아니지만 나는 그렇게 믿고 싶다) 섬을 향해 가고 있는 사람들의 눈에선 어쩐지 기대감보다 피곤함이 짙게 묻어나왔다. 갑판에 몸을 눕힌 가난한 여행자들이기 때문일까.

사실 나는 여행 경비를 아끼기 위해 3등석 갑판 표를 끊은 게 아니었다. 새벽녘 일부러 갑판에 나올 필요 없이 눈만 살짝 뜨면 떠오르는 해를 볼 수 있다는 것이 무엇보다 매력적으로 느껴졌다. 약간의 추위는 담요와 긴 팔 티셔츠로 충분히 해결할 수 있다. 가난한 여행자들이 모두 도적떼처럼 느껴진다는 것만 제외하면 모든 게 즐겁고 신선한 경험이다.

배 안에서 만난 독일 남자는 내 옆에 바짝 붙어 앉아 밤이 이슥하도록 수다를 떨어댔다. "위험하다고 생각하지 말고 자유롭게 즐겨." 나는 이 딱딱하게 생긴 남자아이에게 한마디 쏘아붙이고 싶었다. "위험해 보이는 건 바로 너야." 그는 내 옆에서 계속 부스럼 난 팔뚝을 긁어대며 알아듣지 못할 말들만 지껄이고 있었다. 뭔가 사심이 가득해 보이는 눈빛. 나는 애써

미코노스에선 길을 잃어도 괜찮다. 정처 없이 걷다 보면,
의외의 보석을 발견할 수 있다.

이 남자의 이상한 행동을 무시하며 가방을 꼭 끌어안고 잠을 청했다.

몇 시간이 지났을까. 으스스한 한기에 눈을 떴을 때, 마침 바다 위로 봉긋하게 솟아오르는 해가 보였다. 망망대해에서 불쑥 솟아오르는 해를 보는 기분은 말로 설명할 수 없을 만큼 감동적이다. 바다에서 일출을 본 사람과는 누구와도 친구가 될 수 있을 것 같은 느낌. 하지만 내 옆자리에 자리를 깔고 누운 독일 남자는 여전히 세상 모른 채 쿨쿨 잠들어 있다. 그는 결코 나와 친구가 될 수 없는 사내인 것이다.

···서로의 과거와 미래를 바라보는 섬 산토리니

날씬한 초승달을 닮은 산토리니는 기원전 1500년경 굉음을 내며 무너졌다. 땅 속에서 끓어오른 화산 때문이었다. 화산이 삼켜버린 육지 위에 사람들은 새로운 도시를 건설했다. 그러니까 지금 내가 보고 있는 산토리니는 무너진 땅 위에 다시 세워진 신도시인 셈이다.

"산토리니는 계획도시예요. 그래서 이렇게 예쁘고 아기자기한 마을이 만들어졌는지도 몰라요." 산토리니를 함께 바라보던 노신사가 씽긋 웃으며 이야기를 건넸다. 배 안에서 바라다본 산토리니는 백발 마녀처럼 매혹적이라, 자칫 위험해 보였다. 와인처럼 붉게 물든 땅 위에 하얀 머리카락이 촘촘히 풀어헤쳐져 있다. 나는 세상에서 가장 아름다운 노을을 볼 수 있다는 이아 마을에 숙소를 잡고 늦은 아침을 챙겨 먹었다. 그리스식 수블라키와 시원한 생맥주 한 잔.

산토리니에는 유난히 커플 여행객이 많았다. 여전히 혼자인 나는 그들

산토리니의 모든 집들은 바다를 바라보고 있다. 눈을 열고 나오면,
바다보다 아름다운 이웃집 조명이 눈부시게 쏟아진다.

산토리니 이아마을 전경. 파란색 지붕은 교회 건물이다.

사이에서 유난히 고독해졌다. 노년의 커플과 신혼 여행객이 혼란스럽게 뒤섞여 있는 이곳은, 어쩌면 목적이 다른 두 커플이 서로의 과거와 미래를 보는 공간인지도 몰랐다. 은은하게 서로를 바라보는 노년의 커플과 두 손을 꼭 쥐고 열정적으로 서로를 마주보는 신혼 커플은 눈빛부터 옷매무새, 서로를 대하는 자세까지 모두 다르다.

    노년의 커플은 젊은 시절 열정적으로 사랑했던 한때를 기억하며 조곤조곤 이야기꽃을 피운다. 이제 막 결혼식을 올린 신혼 커플은 산토 와인을

산토리니 카마리 비치. 화산섬답게 검은 조약돌 해변이 인상적이다.

앞에 두고 "나이 들어서도 저들처럼 멋지게 살자"는 이야기를 나눈다. 서로의 미래와 과거가 인서트 화면처럼 끼어든다. 나는 그들의 언약식을 지켜보는 유일한 증인처럼 가슴이 뿌듯해졌다.

뼛속까지 마초인 한국 남자들도 산토리니에선 연인과 부드러운 키스를 나눈다. 다홍색 저녁노을을 뒤집어쓴 하얀 마을이 새색시처럼 예쁘게 웃고 있다. 나는 지금 두 손을 꼭 말아 쥐고 사랑을 약속하는 저들이 오래도록 행복하게 살 수 있을지 내심 궁금해졌다. 모든 사람이 영원히 행복하

진 않을 거라고, 노처녀답게 배배 꼬인 상상을 하게 된다. 아름다움은 세상사의 진리를 잠시 잊게 만들지만, 현실은 달콤한 꿈이 아니라 모래사장 위에 세워진 위태로운 성에 가까우니까. 혼자 저녁노을을 즐기는 여자는 이 자리에 있는 많은 커플들의 관계가 박살 나는 발칙한 광경을 상상한다. 모두 꿈을 꾸고 있는데 나만 혼자 현실에 머물러 있는 셈이다.

…"안전벨트를 단단히 조이세요. 요란한 밤이 될 테니까"

산토리니가 바라보고 감상하는 섬이라면, 미코노스는 흥청망청 즐기는 섬이다. 산토리니에선 모든 사람들이 아름다운 야경과 예쁘게 진열된 기념품, 하얀 벽돌과 파란 지붕을 가진 집들 사이를 누비며 뭔가를 구경하기에 바쁘다. 하지만 미코노스에선 모든 사람들이 파티 리허설을 준비하는 것처럼 보인다. 미코노스의 밤은 광란 그 자체다. 낮 동안 해변에서 선탠으로 잘 그을린 몸을 조명 아래 화사하게 드러내고 맥주와 와인을 즐긴다.

특히 해질 무렵 해안 도로를 걷다 보면, 이 섬이 점점 머리끝까지 취해가고 있다는 것을 온몸으로 느낄 수 있다. 사람들이 테라스에 나와 축배를 들고 술잔을 부딪치는 소리가 거세게 울려퍼진다. 어제도 저물었고 내일도 저무는 태양의 죽음을 축복하는 건, 누군가와 함께 있는 몇 분의 귀중함을 아는 사람들만이 즐길 수 있는 사치다. 바에서 혼자 맥주를 마시던 나는, 서양 파티의 한 장면처럼 내게 다가와 건배를 외치는 노신사에게 미리 준비해 간 영화 속 멘트를 들려주었다. 〈이브의 모든 것〉에서 베티 데이비스가 조용히 읊조렸던 대사.

"안전벨트를 단단히 조이세요. 요란한 밤이 될 테니까."

그도 이 영화의 대사를 기억한다고 했다. 그는 확실히 〈이브의 모든 것〉을 기억할 만한 나이의 노신사였다. 비슷한 또래의 남자와 함께 이곳에 왔다고 말하는 그는, 게이들의 섬인 미코노스에 딱 어울리는 사람이었다. 매년 여름 미코노스에서 여름을 난다는 은퇴한 노신사 커플. 하지만 나는 안전벨트를 매고 요란한 밤을 즐기기엔 너무 고요한 세계에서 입장했다.

이상하게 모든 것이 낯설고 어색했던 나는 서둘러 숙소로 돌아와 혼자만의 파티를 즐겼다. 다운타운의 중심지에 있는 내 방 창문 사이로 축배의 쨍그랑 소리가 밤새 울려퍼졌다. 모두 미쳐가고 있었고, 잠들지 못하는 나도 점점 미쳐가고 있었다. 하얀 풍차 마을의 밤은 미친 사람들의 열기로 완전히 고조됐다.

Single Traveler's Route
:: 그리스

그리스 아테네 IN ➡ 델피 ➡ 메테오라 ➡ 테살로니키 ➡ 아테네 ➡ 산토리니 ➡ 미코노스 ➡ 아테네 OUT

※예상 경비 : 10일 180만 원

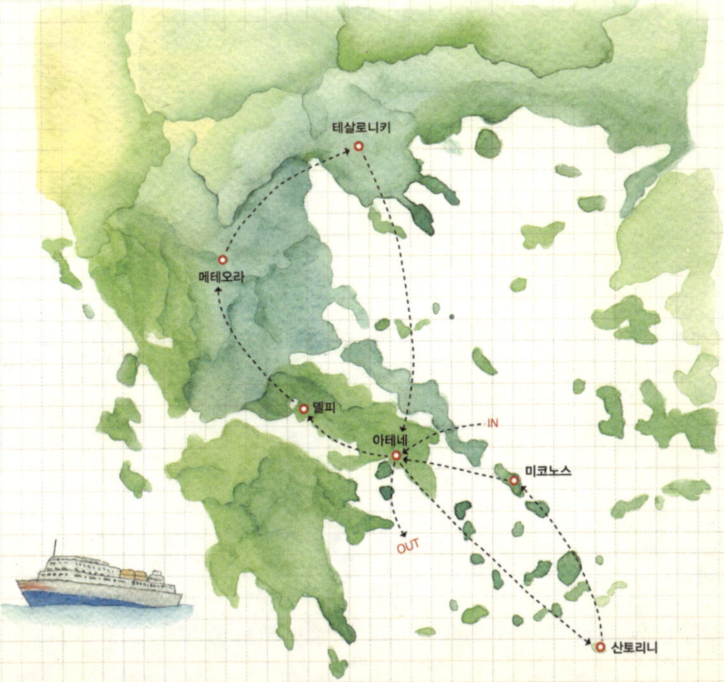

최고의 코스
Must do item 10

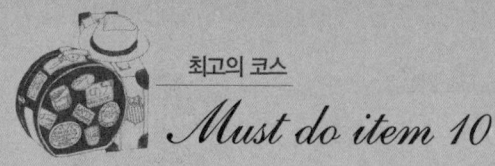

#1. 타베르나에서 서민적인 저녁식사

솔직히 말하면 그리스에서 아크로폴리스만큼 실망스러운 유적도 드물다. 고대 문명의 상징과도 같은 파르테논 신전은 철근 덩어리로 얼기설기 이어 붙여진 안쓰러운 모습이다. 하지만 아크로폴리스로 가는 길목에서 바라보는 아테네의 석양은 제법 근사하다. 그리스 시내가 노을에 서서히 잠기는 모습을 볼 수 있다. 일몰 후 근처 플라카 지구의 타베르나에서 그리스식 저녁식사를 즐기는 것도 나름 운치 있다. 토마토와 올리브, 양상추 위에 염소젖으로 만든 페타 치즈를 곁들인 그리스식 샐러드, 다진 고기와 야채로 만든 무사카, 토마토 안에 볶음밥을 넣은 토마토 밥, 그리스식 숯불구이 수블라키 등은 꼭 먹어볼 만한 그리스 요리다.

#2. 세상의 배꼽, 델피 다녀오기

아테네에선 고대 문명의 흔적보다 마구잡이로 개발된 현대 문명의 소란을 느끼기 쉽다. 고대 문명을 제대로 느끼고 싶다면 펠로폰네소스 반도나 그리스 중부 지역을 돌아보는 게 좋다. 추천하고 싶은 여행지는 그리스의 작고 아담한 마을 델피. 폐허가 된 아폴로 신전은 조금 허망하지만, 아크로폴리스에 비하면 훨씬 자연스럽고 품위 있다.

#3. 절벽 위의 수도원, 메테오라 걷기

절벽 위의 수도원이라는 뜻의 메테오라. 이곳에 가면 어떻게 이런 곳에 사람이 집을 짓고 살았을까, 잠시 의아해진다. 이슬람의 박해를 피해 절벽 위로 숨어든 수도사들은 신과 아주 가까운 곳에서 매일 기도를 하고 심신을 수양했다. 그리스 칼람바카는 메테오라 여행의 기점이 되는 곳. 이곳에서 현지 민박이나 호텔에 투숙한 뒤 아침 일찍 메테오라행 버스를 타고 수도원을 돌아보면 된다.

#4. 그리스 테살로니키 돌아보기

아테네가 그리스 로마 유적의 보고라면, 그리스 제2의 도시 테살로니키는 비잔티움과 오스만 유적의 보고다. 아테네에서 기차로 6시간 30분 거리에 있는 이곳은 해변을 중심으로 볼거리들이 몰려 있다. 아리스토텔레스 광장부터 화이트 타워까지 길게 뻗은 해안 도로를 따라 현대적인 카페들이 즐비하게 늘어서 있다. 뒤쪽에는 캐주얼한 먹자골목이 형성되어 있으니, 이곳에서 싸고 배부른 식사를 한 뒤 노천카페의 폭신한 의자에 앉아 분위기를 잡아보자.

#5. 낭만의 페리 타고 그리스 섬 여행

그리스 여행의 절정은 섬 여행이다. 인기 있는 섬은 산토리니, 미코노스, 크레타 섬. 지하철 피레우스 역에서 내리면 페리 티켓 부스를 쉽게 찾을 수 있다. 쾌속선과 일반선이 다양하게 운행되므로 가격 및 시간에 맞게 이용하자. 샤워룸이 딸린 고급 침실 칸부터 갑판에서 잠을 자는 3등 칸까지 다양한 클래스가 마련되어 있다. www.ferries.gr이나 www.gtp.gr 사이트에 접속해 운행 시간 및 가격을 조회하자. 여름 성수기엔 수시로 배가 뜨지만, 겨울에는 섬에 따라 배가 거의 운항하지 않는 경우도 있으니 페리 일정을 꼭 확인하자.

#6. 산토리니에서 즐기는 화산섬 투어

산토리니에는 가볼 만한 해변이 많다. 붉은 모래사장이 있는 레드 비치와 맑고 깨끗한 페리사 비치, 까만 조약돌 해변이 인상적인 까마리 비치 등, 모두 저마다의 특색으로 관광객을 유혹한다. 수영에 자신 있는 사람이라면 다이빙 체험을 할 수 있는 볼케이노 투어도 권할 만하다. 아침 8시와 11시에 출발하는 볼케이노 투어는 근처 화산섬 네아 카메니를 돌아본 후 팔레아 카메니 섬 근처의 핫 스프링스에서 다이빙과 온천 체험을 하고 다시 근처 섬으로 이동해 점심을 먹는 코스로 진행된다. 호텔 프런트나 여행사에서 1인당 18유로에 투어 상품을 판매한다.

#7. 산토 와인 맛보기

산토 와인은 조금 비싼 편이라 레스토랑에서 분위기 잡고 먹으려면 비용이 꽤 든다. 따라서 슈퍼마켓에서 적당한 가격의 산토 와인을 구입해 숙소 테라스에서 맛보길 권한다. 산토리니 숙소는 대부분 전망 좋은 테라스를 갖고 있기 때문에 지중해를 바라보며 분위기를 내기에 적당하다. 산토 와인의 가격은 15유로 이상. 레스토랑에서 잔술로 주문하는 것도 가능하다.

#8. 누드비치에서 선탠하기

게이들의 천국인 미코노스에선 누드 비치를 체험할 수 있다. 한국 사람들은 호기심 때문에 주로 누드 비치를 찾지만, 정작 옷을 벗어야 할 순간엔 몸을 웅크리기 일쑤다. 일단 누드 비치를 찾았다면 괜히 눈치 보지 말고 분위기에 잘 적응해 보자. 카메라 촬영은 절대 금물. 중심가에서 조금 벗어난 곳에 버스 터미널이 있으니 지도를 보고 잘 찾아가 보자. 해변으로 가는 버스가 수시로 출발한다.

#9. 미코노스에서 환락의 밤 즐기기

미코노스는 매일 밤 파티가 열리는 환락의 섬이다. 구시가 곳곳에 있는 작은 바에는 밤새 에너지를 소진하고 싶어 안달이 난 사람들로 가득하다. 열정적인 눈빛을 주고받는 게이 커플도 쉽게 찾아볼 수 있다. 물가가 다른 그리스 지역에 비해 비싼 편이니 돈 없는 배낭여행자라면 환락의 강도를 조금 자제하는 게 좋다. 방값도, 기념품 가격도, 식비도 모두 비싸다. 그래도 해변 식당에서 저녁노을을 바라보며 해산물을 맛보는 것은 미코노스에서 꼭 즐겨야 할 체험이다.

#10. 그리스 전통 술 우조 마시기

우조uozo는 그리스식 전통 소주로 그리스 남자들은 식당에 가면 먼저 우조부터 시키고 본다. 20가지 천연 허브로 만들어진 우조는 물을 섞으면 마술처럼 뿌옇게 변하는 것이 특징. 맑고 투명한 술이 우유처럼 하얗게 변하는 모습을 지켜보는 건 아주 흥미롭다. 우조를 더 맛있게 먹고 싶다면 물 대신 탄산음료나 레몬 소다를 섞어 마시면 된다. 그리스에 왔다면 꼭 한번 맛봐야 할 그리스 전통 술. 36도가 넘는 독주이니 알코올에 약한 사람은 적당히 즐기는 게 좋다.

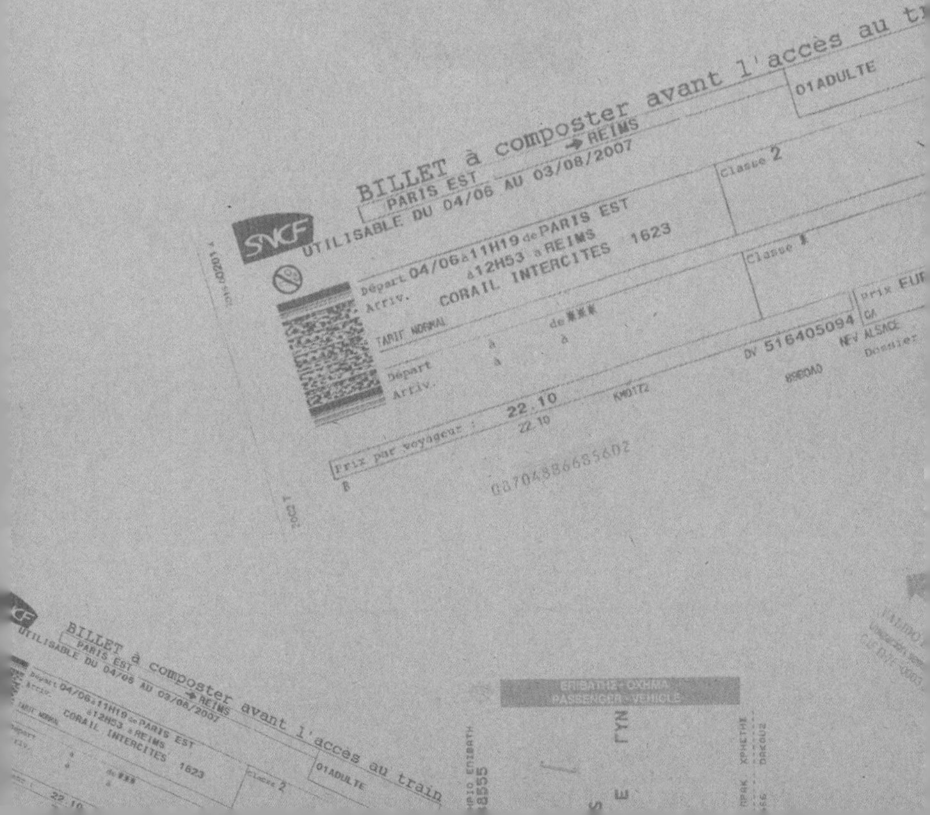

Walkway 5.
해 뜨기 전까지의 사랑

오스트리아, 슬로베니아, 크로아티아

나는 용기가 없고, 낭만이 부족했다.

〈비포 선라이즈〉의 셀린느처럼 남자의 목을 먼저 끌어안을 수 있는 용기.

낭만의 도시 빈이라면, 아드리아해라면, 가능할지도 모른다.

…중독 따윈 필요 없어!

프랑스 사람들은 지구상에서 가장 담배를 맛있게 피우는 민족이다. 파리지앵의 손가락 사이에서 타오르는 담배는, 마약이라도 묻혀놨는지 뭔가 달라도 너무 달라 보인다. 진한 에스프레소 한 잔을 앞에 두고 타르 8밀리짜리 말보로를 엄마 젖꼭지 빨듯 깊숙하게 빨아들이는 그들을 보면, 정말이지 담배 한 대 안 피우는 인간은 인생을 모르는 철부지가 아닐까 짐짓 걱정스러워진다.

반면 이탈리아 사람들은 지구상에서 아이스크림을 가장 맛있게 먹는 민족이다. 아르마니 양복에 페라가모 구두를 신은 어엿한 신사가 흘러내

멜크 수도원에서 바라본 시내 전경. 중세 유럽 마을로 시간 여행을 떠난 듯하다.

리는 아이스크림 국물을 싹싹 핥으며 지나가는 모습은 생각보다 훨씬 매력적이다. 줄을 서 있을 때도, 길을 걸을 때도, 그들은 뭔가에 중독된 것처럼 모두 아이스크림을 빨고 있다. 남녀노소 누구나 이것 없이는 못살겠다는 표정으로 아이스크림을 핥는다.

오스트리아 빈에 도착했을 때 나는 이 도시 사람들이 중독되어 있는 것들을 빨리 알아내고 싶어 안달이 나 있었다. 커피 맛의 미세한 차이를 아는 그들은, 남다른 표정을 하고 커피 하우스에 앉아 있을 줄 알았다. 요한 슈트라우스와 클림트를 배출한 도시답게 거리 곳곳에 예술의 향기가 넘쳐흐를 줄 알았다. 하지만 빈의 첫인상은 예상 외로 무덤덤하고 건조했다. 사람들은 무엇에 중독되어 있는지 짐작하기 어려운 표정으로 거리를 걷고 있었다. 열정에 빠진 초보들의 중독 증세 따위는 진즉에 떨쳐버렸다는 듯이. 야외에서 오페레타를 즐기는 것도, 노천카페에서 커피를 마시는 것도, 미술관에서 그림을 보는 것도, 365일 늘 벌어지는 사소한 일처럼 무심히 즐기고 있다. 이런 걸 두고 여유라고 해야 하나? 도시에 나이가 있다면, 빈은 확실히 인생이 뭔지를 아는 4, 50대의 노련한 얼굴이다.

···비엔나 비포 선라이즈

〈비포 선라이즈〉를 기억하고 이 도시를 찾은 사람이라면, 빈의 심드렁한 얼굴에 조금 당황할 수도 있다. 리처드 링클레이터가 〈비포 선라이즈〉라는 낭만적인 청춘영화를 만들어낸 후, 고풍스러운 귀족의 도시 빈은 나이의 주름살을 슬쩍 걷어내버렸다. 합스부르크 왕가의 위대한 숨결이 살

움베르토 에코가 〈장미의 이름〉의 아이디어를 떠올린 멜크 수도원

아 있는 이 역사적인 도시는, 순식간에 20대를 위한 도시로 변했다. 바로크풍의 시청사와 벨베데레, 쇤브룬 궁전, 성 슈테판 성당 같은 고전적인 여행지를 부지런히 찍고 다녔던 관광객들은, 어느새 프라터 유원지와 빈 숲 근처의 그린칭 선술집에서 아주 일상적인 빈을 즐기기 시작했다.

하지만 〈비포 선라이즈〉가 만들어진 지 10여 년이 지난 지금, 빈은 다시 노련한 30대의 도시로 변해버린 것 같다. 빈의 중심가인 케른트너 거리에는 휴가를 얻어 집을 비운 빈 시민들 대신 관광객들이 넘쳐나고 있었다.

빈 전차에서는 창밖을 바라보는 것만으로도 마음이 뿌듯해진다.

성 슈테판 성당 앞에는 모차르트 복장을 한 사람들이 왈츠와 실내악 연주를 보며 식사를 즐길 수 있는 비싼 공연 티켓을 팔았다. 고풍스러운 건물들이 위용을 뽐내며 서 있는 거리에는 피아커fiaker(관광용 마차)가 조용히 지나다니고 있다. 우아하다.

아쉬움은 없었다. 20대 때 〈비포 선라이즈〉를 보며 가슴을 콩닥거렸던 나도, 어느새 30대 중반의 나이가 되어 제시와 셀린느처럼 열정의 무게를 조금 줄인 후였으니까. 삶의 훈장 같은 주름살을 감추느라 아이크림과 자

빈 시내 야경은 잘 세공된 예술품 같다.
화려했던 합스부르크 왕가의 영광이 떠오른다.

외선 차단제를 꼼꼼히 바르는 나이가 되어버렸으니까. 나는 빈의 중심가를 순환하는 트램을 타고 도시의 구석구석을 돌아다녔다. 제시식으로 말하면, "며칠 동안 창밖만 바라보는 여행은 그리 나쁘지 않았다." 창밖을 바라보고 있으면 별별 희한한 생각이 다 떠오르니까.

이를테면 이런 생각들이다. 커피를 자연스럽게 마시는 방법은 뭘까. 예술을 아무렇지 않게 즐기는 방법은 뭘까. '난 지금 예술을 즐기는 중'이라고 온몸으로 증명하지 않아도, 아주 편안하고 익숙하게 예술을 즐기는 방법을 알고 싶었다. 빈 사람들처럼. 내가 빈에서 애써 찾으려 했던 예술의 향기는, 사실 세상에서 가장 부질없는 짓인지도 모른다. 그들에게 그것은 밥을 먹고 산책을 하는 것처럼 지극히 일상적인 삶의 일부였다.

하루에도 수십 개의 그럴싸한 연주회가 열리고, 수십 개의 근사한 전시가 마련되는 도시. 이것이 예술인지 일상인지 구분하지 않은 채 그들은 그저 아름다운 것을 탐하고 느끼며 살고 있다. 알프스 산과 거대한 숲으로 둘러싸인 도시는 걷다가 쓰러져 잠잘 곳들이 지천으로 널렸다. 1년 내내 깨끗한 물이 흐르고 청명한 공기가 떠다닌다. 살기 좋다. '그린 빈'이라는 별칭을 갖고 있는 이 도시는, 그러니까 관광을 다니며 어설프게 구경을 하기보다 한번 살아봐야 제 맛을 느낄 수 있는 곳이다. 겉모습만 보면 아무 매력도 낭만도 없어 보이지만, 하루하루 지내다 보면 속살을 비집고 터져 나오는 매력을 원하는 만큼 실컷 느낄 수 있다. 봐도 봐도 또 볼 것이 있고, 가도 가도 또 갈 곳이 있다.

나는 원래 빈에서 오래 머물 생각이 없었지만 챙겨봐야 할 전시, 보고 싶은 공연, 걷고 싶은 거리를 모두 걷다 보니 어느새 일주일이 훌쩍 지나버렸다. 빈 주변에 있는 바카우 계곡과 멜크 수도원, 알프스 산맥의 일부인 호프반데까지 돌고 나니, 어느새 빈 사람처럼 자연스럽게 커피 하우스에서 내 취향의 커피를 주문하는 법도 알게 되었다. 빈에서는 비엔나커피를 절대 주문해선 안 된다는 사실도!

그렇게 빈 사람처럼 하루하루를 편안하게 흘려보내고 있던 어느 날, 내 앞에 〈비포 선라이즈〉의 한 대목 같은 풋풋한 사랑이 찾아왔다. 30대를 위한 노련한 도시가 갑자기 20대를 위한 낭만의 도시로 변했다.

···헝그리 한국 배낭족

불가리아에서 만난 한국 대학생은 단돈 90만 원을 들고 유럽 배낭여행을 왔다고 했다. 이스탄불에서 영국까지 오리엔탈 특급열차의 루트를 타고 가는 긴 여정이었다. 여행 일정은 총 40일. 얼핏 계산해 봐도 매일 밤 숙소 대금을 치르고 나면 남는 돈이 거의 없는 빠듯한 경비였다. 타국 땅에서 그 많은 밤을 단돈 90만 원으로 버티는 것은, 말이 쉽지 사실 미친 짓이나 다름없다. 그는 의외로 대범했다.

"돈 떨어지면 팔려고 남대문에서 목걸이를 조금 사가지고 왔어요. 그래도 모자라면 카메라를 팔면 되고." 밥은 전기 코드만 있으면 끄떡없다고 자신했다. 그는 집에서 쓰던 전기밥통을 들고 여행을 왔다. 맙소사!

한국 사람은커녕 동양 사람도 찾아보기 어려운 불가리아에서 극적으로 한국 여행자를 만난 나는 기쁜 마음에 그에게 맥주를 한잔 사고 싶다고 말했다. 더운 여름날 노천카페에서 사람들이 꿀깍꿀깍 맥주를 마실 때마다, 그는 호주머니에 손을 넣고 남은 동전을 딸그락거렸을 것이다. 유럽의 여름은, 맥주 없이 버티기엔 지독히 건조한 열기를 밤 10시까지 줄기차게 뿜어내고 있었으니까. 오랜만에 시원하게 목을 축인 그는 답례로 나에게 밥을 지어주고 싶다고 했다. 맥주를 맛있게 두 잔이나 비우고 숙소로 돌아간 그는 그날 밤, 밥 지을 도구를 들고 넓은 베란다가 있는 내 숙소로 찾아왔다. 우리 집 부엌에도, 당신의 부엌에도 있는 밥통 하나가 그의 손에 버젓이 들려 있었다.

"정말 이걸 들고 여행을 왔단 말이에요?"

"호스텔에서 이걸로 밥을 지으면 서양 애들이 신기해하면서 모두 구경하러 몰려와요. 저는 이게 바로 코리안 라이스 쿠커라고 말해 주죠."

빈에서 엿새 정도 머물렀을 때 한 통의 메일을 받았다. 내가 만난 배낭여행자 중 최고로 가난한 그 아이의 지갑을, 운도 더럽게 없는 누군가가 냉큼 가져간 모양이었다. 잃어버린 돈은 약 30유로. 얻은 사람에겐 더럽게 작고, 잃은 사람에겐 유난히 큰 액수였다. 그 돈이면 그는 아마 3일간 걱정 없이 천정 있는 호스텔에 몸을 누일 수 있을 것이다. 그는 마침 빈에서 분실 신고를 하고 있는 중이라고 했다.

"나도 지금 빈에 있는데, 우리 다시 만날까?"

빈은 〈비포 선라이즈〉의 제시와 셀린느가 풋풋한 사랑의 밀어를 나눴던 도시다. 이 도시에선 낯선 남자와 하루 종일 걸어다니는 것이 너무 자연스럽다. 약속 시간은 오전 10시 빈 서부역 벤치 앞. 남자는 『유럽』가이드북을 한 손에 쥐고 있었고, 여자는 주제 사라마구의 『눈먼 자들의 도시』를 가슴에 품고 있었다(영화 속에서 제시는 킨스키의 『원하는 건 사랑뿐』을, 셀린느는 바타이유의 『죽은 자』를 읽었다). 빈 역 근처의 벤치에서 다시 만난 우리는 〈비포 선라이즈〉의 그들처럼 빈 숲과 그린칭, 중앙묘지를 지칠 때까지 걸어다녔다. 훔친 와인 잔과 말발로 얻어낸 와인 따윈 없었지만, 공원 한쪽에 쭈그리고 앉아 1인분의 음식을 나눠먹으며 수다를 떠는 것도 그리 나쁘진 않았다.

"북쪽에서 부는 바람이 속삭여요. 사랑은 정해진 길이 있다고. 이리로 와요. 이리로 와요." 제시와 셀린느처럼, 케이스 블룸의 노래를 흥얼거리고 싶어지는 저녁. 가난한 배낭여행자가 고백했다.

"사실 불가리아 펍에서 맥주를 마시고 있는 동안, 내가 타야 할 기차는 이미 떠났어요. 기차표는 휴지조각이 되었죠. 10유로짜리 싼 티켓이지만, 아시다시피 그건 내게 아주 큰돈이니까. 근데 밥을 내 손으로 지어주고 싶어서, 조금 더 오래 함께 있고 싶어서 기차 시간이 지났다는 말을 하지 않은 거예요."

낭만적인 저녁이었다. 그가 손을 잡아도 되느냐고 물었다. 물론이지. 인적 없는 중앙묘지를 손을 꼭 잡고 함께 걸어다녔다. 영원히 열세 살로 남은 소녀의 무덤 따위는 찾을 수 없었지만, 모차르트와 브람스의 무덤도 찾을 수 없었지만, 우린 영원히 계속될 것 같은 여행의 낭만을 만끽하느라 한여름의 더위를 느낄 새가 없었다.

〈비포 선라이즈〉를 보면 빈 거리에는 두 주인공 외에 사람이 거의 지

빈 근교 바카우 계곡은 와인산지로 유명하다. 달콤한 와인 한 잔과 산책의 뒤안길

나다니지 않는다. 딱 필요한 사람만, 필요한 순간에 적당히 지나간다. 나는 그 이유가 엑스트라를 쓸 돈이 부족했기 때문이라고 짐작했다. 그런데 이상하게 우리가 함께 걸었던 그날 오후에도, 빈 거리에는 사람이 거의 지나다니지 않았다. 중앙묘지에도, 빈 숲 근처의 그린칭에도, 사람은 거의 없었다. 딱 필요한 사람만, 필요한 순간에 적당히 지나다녔다. 평화로운 오후가 엿가락처럼 길쭉하게 흐르고 있었다.

미래를 점쳐주는 타로카드 점쟁이나 '밀크셰이크'라는 말도 안 되는 단어로 시를 지어주는 거리의 시인은 없었지만, 우리는 대신 신비한 느낌의 묘지기를 만났고, 강아지를 산책시키는 나이 든 부부를 만났다. 모두 영화를 위해 세팅된 사람들처럼 우아하게 우리를 스쳐지나갔다.

한나절을 빈에서 함께 돌아다닌 우리는, 제시와 셀린느처럼 가야 할 곳이 서로 달랐다. 그는 프랑스를 지나 영국으로 부지런히 서쪽을 향해 옮겨가야 했고, 나는 슬로베니아를 지나 크로아티아까지 남쪽을 향해 부지런히 걸음을 옮겨야 했다. 그는 그날 밤 빈 공원에서 노숙을 하게 될지도 모르겠다고 말했다. "빈은 노숙을 하기에 너무 좋은 도시 같아요. 따뜻하고 위험하지도 않고."

〈비포 선라이즈〉의 제시도 빈 공원에서 노숙을 했었다. 그의 곁에는 모험심 많고 키스를 먼저 할 줄 아는 낭만적인 셀린느가 밤새 함께 있었다. 와인과 투명한 유리잔이 풀밭 위에 조용히 널브러져 있던 그날 밤의 낭만적인 풍경. 하지만 나는 그날, 결국 그와 함께 있어주지 못했다. 남쪽에서 부는 바람이 속삭였기 때문이다. "빨리 슬로베니아로 오세요. 그곳에는 또 다른 즐거움이 기다리고 있어요."

…오래도록 머물고 싶은, 아니 오래도록 살고 싶은 슬로베니아

슬로베니아행 기차는 동화의 세계로 안내해 주는 작은 협궤 열차처럼 조용히 산골짜기를 향해 기어갔다. 이런 곳에 길을 내고 달리는 열차가 있다는 게 신기하게 느껴질 만큼 작은 오솔길이었다. 반쯤 열어놓은 창문 사이로 나뭇가지와 잎사귀가 강아지 꼬리처럼 살랑살랑 말려 들어왔다. 나는 남겨두고 온 사랑에 대한 아쉬움 때문인지, 산 넘고 물 건너서 돌고 도는 기차가 얄미워서인지, 나무 꼬랑지들을 손으로 툭툭 치며 괜한 심통을 부렸다.

슬로베니아는 헝가리와 오스트리아, 이탈리아, 크로아티아 사이에 끼어 있는 조그맣고 수줍은 나라다. 나는 비슷한 이름의 슬로바키아 풍경을 떠올리며, 이 도시가 우중충한 회색 안개에 젖어 있지는 않을지 내심 가슴을 졸였다. 내 마음을 닮은 도시에 머물다 보면 헤어나오기 힘든 수렁에 빠져버릴 것 같았다. 하지만 류블랴나는 예상 밖으로 서유럽의 어떤 도시보다 평화롭고 깨끗해 보였다. 나중에 알게 된 사실이지만, 슬로베니아는 1인당 국민소득 2만 5천 달러가 넘는 동유럽 최고의 선진국이라고 한다.

기차역에서 20분간 걸어내려와 메인 광장에 들어섰을 때, 마침 류블랴니차 강변에선 인디오들이 피리를 연주하고 있었다. 비가 부슬부슬 소리 없이 어깨에 내려앉았다. 오솔길 완행열차를 타고 도착하기에 딱 적당한 도시. 첫눈에 보기에도 오래 머물고 싶은, 오래 있을수록 정이 들 것 같은

오솔길 완행열차를 타고 도착한 슬로베니아 류블랴나.
마침 류블랴니차 강변에선 인디오의 피리 소리가 흐느끼듯 흐르고 있었다.

도시다.

미지근한 물로 샤워를 하고 나오니 저녁 8시의 하늘이 대낮처럼 환하게 바뀌어 있었다. 비는 아직 부슬부슬 내리는데 하늘은 화창하게 빛나고 있다. 슬로베니아에선 이런 이상 기후가 생각보다 많다고 한다. 산으로 둘러싸인 도시가 으레 그렇듯 여름에도 그다지 덥지 않고, 1년 내내 선선한 바람이 강변을 따라 청량하게 흐른다.

한때 로마제국의 지배를 받았고, 또 한때 오스트리아 합스부르크 왕가의 지배를 받았던 힘없는 도시, 1차 세계대전 당시 오스트리아와 헝가리 연합군에 끌려나와 얼떨결에 전쟁을 치러야 했던 도시. 그 후로도 오랫동안 독립된 이름으로 서지 못하고 유고 연방 안에 조용히 몸을 숨기고 있던 나라답지 않게, 슬로베니아는 전쟁이라곤 한 번도 치러보지 못한 것처럼 평온한 분위기다. 그래서인지, 나는 처음 계획과 달리 이 도시에서 빨리 떠나고 싶지 않아졌다. 무엇보다 맥주 한 잔의 가격이 1유로 안팎이라는 사실이 너무 신나고 행복했다. 중세 시대의 성채를 따라 걷는 산책로도 적당히 운치 있고, 당일치기로 소풍을 갈 만한 곳도 많다. 여행이 아니라 오래 눌러 살기 적당한 도시다.

···꿈꾸는 아드리아해, 그러나

크로아티아는 평화롭게 살기엔 애초에 글러버린 나라였다. 다섯 개의 문제 많은 나라와 국경을 맞대고 있는 이곳은, 오랫동안 인간이 만들어낸 화산으로 들끓었다. 유고슬라비아는 연방과 해체를 반복했고, 이탈리아는

아름다운 아드리아해를 수시로 넘봤으며, 보스니아는 내전이라는 두 글자와 쌍둥이처럼 붙어 다녔던 20세기 최고의 분쟁지역이었다. 평화와는 담쌓고 살았던 크로아티아는, 결국 고양이 꼬리처럼 생긴 이상한 모양의 지도를 얻고 유고 연방에서 독립했다.

크로아티아가 분쟁의 소용돌이에서 벗어난 것은 90년대 중반. 당연히 이 나라엔 수십 년간 지속됐던 총성의 흔적이 뼈아픈 각성처럼 군데군데 남아 있을 줄 알았다. 하지만 아드리아의 바다는 말없이 잠잠하고 평온하다. 그 바다의 동쪽 해변에 촘촘히 자리잡은 도시들도 머리를 깨끗이 말아올리고 손님을 기다리는 창부처럼 요염하기 그지없다.

스플릿의 해변은 유독 깨끗하고 화려하다. 바닥은 갈매기가 내려앉았다가 시속 120킬로미터로 미끄러질 만큼 반질반질하게 윤이 난다. 여름밤, 스플릿의 바닷가는 영락없는 디즈니랜드다. 순간 쾌락 100퍼센트짜리 이벤트가 쉴 틈 없이 이어진다. 하긴, 지금 이곳은 동유럽 최고의 관광지로 거듭나기 위해 안간힘을 쓰고 있는 크로아티아의 교통 1번지, 스플릿. 화려한 것을 보여주지 않으면 살아남지 못하는 노처녀의 심정일 것이다.

버스는 아드리아해가 한눈에 내려다보이는 스플릿의 작은 터미널에 멈춰 섰다. 아침 6시도 안 되었는데 벌써 나이 지긋한 아줌마 아저씨들이 '소베sobe'라는 갈판을 들고 거의 납치 수준으로 관광객들을 채갔다.

실업률이 높은 이 나라 사람들은 여름 한철 관광객들이 뿌리는 돈을 얻어 1년을 먹고 산다. 그래서 여름이 되면 쓸모없이 내버려두었던 방을 비우고 손님을 받는다. 소베의 가격은 1인당 150쿠나. 하지만 경쟁이 심한 버스 터미널에선 말만 잘하면 1인당 100쿠나 이하에도 숙소를 얻을 수 있다.

나는 삐끼의 번지르르한 말을 믿는 대신 발품을 한번 팔아보기로 했다. 이른 아침이니까 어쩌면 생각보다 싸고 좋은 호텔을 찾을 수 있을지도 모른다. 하지만 성수기 스플릿의 호텔 주인들은 목을 뻣뻣이 세우고 있다. 패널을 들고 손님을 구걸하던 삐끼들과는 180도 다른 자세다. "비싸면 다른 데 가서 알아보세요!" 세 시간을 돌며 가격대별 호텔의 상태를 점검한 나는, 거의 기진맥진한 상태로 시장에서 모닝커피와 빵을 허겁지겁 집어삼켰다. 그 많은 삐끼들은 다 어디로 사라진 거지?

바비는 시장 카페에서 기진맥진해 있는 내게 손을 내민 첫 번째 삐끼였다. "혹시 방 필요하니?" 마지막 자존심을 세우며 에어컨은 있는지, 해변이 보이는 방인지를 꼼꼼히 따져 물었더니, 그는 일단 한번 보고 결정하라며 숙소를 향해 다짜고짜 앞장서 걷기 시작했다. 스플릿의 여름은 류블랴나와는 달리 소금기가 많고 끈적끈적했다. 바비는 아드리아에서 불어오는 시큼한 바다 냄새를 가르며 휘적휘적 걸어갔다. 약 10분쯤 지났을까. 건조한 아파트 한 채가 나타났다. 방은 어둠침침했고 에어컨도 없었고 바다도 보이지 않았다. 심지어 5층짜리 엘리베이터는 삐거덕삐거덕 위험 신호를 수시로 보내왔다. 혹시나 했더니 역시나!

하지만 나는 집주인인 안나와 그녀의 남편, 그리고 바비와 테이블에서

스플릿은 크로아티아 교통 1번지. 이탈리아 바리행 배가 출발을 기다리고 있다.

나눈 대화가 마음에 들어 그냥 이곳에 묵기로 했다. 아직 때가 덜 묻은 71세 노인 부부는, 부엌을 사용할 수 있냐고 묻자 부엌에 있는 재료까지 실컷 사용해도 좋다고 했다(실제로 그녀는 내가 음식을 만들 때마다 갖은 재료를 꺼내주었고, 후식으로 과일을 내주기도 했다. 내 설거지거리도 그녀가 모두 해주었다). 그 말이 내겐 너무 다정하게 들렸다. 덕분에 나는 스플릿의 어둠침침한, 그러나 친절한 노인 부부가 사는 아파트에 방을 한 칸 빌렸다. 원하는 숙소는 절대 아니었지만.

… 화끈한 사랑을 구걸하는 크로아티아 남자

짐을 풀고 있는 내게 바비가 말했다. "넌 이제 스플릿에서 뭘 하고 싶니?" "일단, 수영!" 그가 될 듯이 기뻐하며 자신이 아주 좋은 해변을 알고 있으니 함께 가자고 했다. 바비는 낭떠러지 같은 해안선을 따라 쉬지 않고 걸어갔다. 여기보다 더 나은 곳이 있다고, 아직은 짐을 풀 때가 아니라고 힘들어하는 나를 다정하게 다독였다. 그의 손에 쥐어져 있는 검은 비닐봉지가 요란하게 바스락거렸다. 저 비닐봉지 안엔 도대체 뭐가 들어 있는 거지? 바다는 영원히 계속될 것처럼 이어졌다. 수많은 사람들이 전투를 하듯 해변으로 몰려나와 있었다.

우리는 그 바다의 끝에 자리를 잡았다. 바다는 생각보다 깨끗하진 않았지만 100미터 넘게 걸어나가도 수심이 가슴께밖에 차지 않는다는 게 무엇보다 마음에 들었다. 물장구를 치며 따뜻한 바다 속에 잠겨 있는 내게 바비가 슬쩍 작업을 걸어왔다. 검은 비닐봉지에 든 오일을 내 몸에 발라준

유람선을 타고 아드리아 바다로 향하는 사람들

다고 설칠 때부터 알아봤어야 했다.

"오늘은 안나 집에서 자고, 내일부턴 우리 집에서 자도록 해. 근사한 밤을 만들어줄게." 바비의 구애는 끈질겼다. 하루 종일 내 꽁무니를 졸졸 따라다니며 자신이 얼마나 날 사랑하는지, 자신이 얼마나 나를 즐겁게 해줄 수 있는지를 각종 미사여구를 동원해 설명했다. 이건 사실 내가 매력적이어서가 아니라 크로아티아 남자들의 습성이라는 것을, 나는 한참이 지난 후에야 겨우 알아차렸다. 바다를 끼고 사는 관광지 남자들은 외부에서 찾아온 여자들과 하룻밤 달콤한 사랑을 나누고 싶어한다. 스쳐가는 사랑의 짜릿함을 아는 것이다. 유통기한 하루, 길면 한 달. 크로아티아를 지나쳐가는 여자들은 짧고 화끈한 사랑을 구걸하는 남자들 덕분에 야릇한 추억 하나를 챙긴다. 서로 주고받는 뭔가가 있는 셈이다.

···육지 안의 섬, 두브로브니크

두브로브니크는 한 번 들어오면 빠져나오기 어려운 육지 안의 섬이다. 보스니아 헤르체고비나의 네움Neum이 아드리아해의 일부를 나눠 갖고 있었으므로, 두브로브니크는 자연스레 본토와 분리된 크로아티아가 되었다. 간단한 여권 검사를 마치고 창가를 돌아보니, 붉은 지붕들의 마을이 눈에 들어왔다.

대지진으로 인구의 20퍼센트를 잃고 폐허로 변했던 마을이 재건된 것은 나폴레옹 전쟁 시절. 이후 1991년 유고 내전으로 불바다가 될 뻔한 도시를 살려낸 것은, 아름다움을 경원하는 인간의 본성이었다. 당시 프랑스

문화원장인 장 도베르송은 "유럽 문명과 예술의 상징이 불타고 있는데 유럽 선진국들은 팔짱만 끼고 있을 것인가. 비록 총알받이가 된다 할지라도 이 도시를 지켜야 한다"고 주장했다. 두브로브니크에 살고 있는 사람들은 이 마을의 아름다움을 미처 몰랐지만, 이곳을 잠시 지나갔던 사람들은 알고 있었던 것이다. 두브로브니크는 전쟁의 총성이 피해가야 마땅한 도시, 모든 사람들이 함께 지켜내야 할 아름다움이라는 것을.

유고는 다행히 이 도시에 대한 공격수위를 낮췄다. 폭격과 화염은 피하지 못했지만, 완전히 무너지는 건 막았다. 그래서 지금 이 도시는 어떤 역사적 상처도 기억하지 못하는 얼굴로 평화롭게 앉아 있다. 상처는 대부분 치유되었다. 해변을 따라 수놓아진 사이프러스와 올리브 나무는 상추 쌈처럼 예쁘게 도시를 감싸고 있고, 그 안엔 빨간 지붕과 하얀 성벽으로 지어진 동화 같은 마을이 소담스레 담겨 있다. '작은 숲(두브로브니크)'이라는 이름과 아주 잘 어울리는 풍경이다.

성벽 위에서 바라보는 마을의 풍경은 어떤 세속의 때도 묻지 않은 평화로운 모습이다. 2천여 명의 주민이 그대로 살고 있는 구시가는 두브로브니크 최고의 번화가인 라파드 지구에서 느낄 수 없는 삶의 이야기들을 솔솔 피어올린다. 빨래를 널어 말리는 사람, 대청소를 하는 사람의 풍경이 눈에 훤히 들어온다. 해변 앞바다에 있는 작은 부두에선 로크룸 섬으로 향하는 배가 부지런히 관광객을 모집하고 있다. 해변에 늘어선 배와 요트들, 플라카 지구의 입구를 지키고 있는 오노프리오 분수, 절벽 아래 있는 크고 작은 해변들까지, 모든 것이 한 치의 오차도 없이 예쁘게 세공된 부자들의

벨뷔 비치는 〈붉은 돼지〉의 마르코가 숨어 살았던 요새 같은 해변이다.

여름 휴양지다.

하지만 솔직히 나는 이 도시가 풍기는 세련된 리조트의 냄새가 마음에 들지 않았다. 돈맛을 알아버린 상인들은 구시가 밖에서 10쿠나면 마실 수 있는 커피를 30쿠나에 팔고 있었다. 도시의 구석구석을 누비는 버스 요금은 생각보다 비싸다. 비싼 물가에 질려버린 나는, 구시가 밖으로 터덜터덜 걸어나왔다. 2시간가량 무작정 걸었더니 어느새 라파드 지구에 다다랐다. 오르막길과 내리막길이 많아 조금 힘들긴 했지만, 조용한 해변 마을을 정처 없이 걷는 기분은 그리 나쁘지 않았다. 간간히 보이는 해변들은 절벽 아래 조용히 숨겨져 있어 포근한 느낌마저 전해준다.

두브로브니크의 해변은 모두 이런 식이다. 아드리아해를 배경으로 한 애니메이션 〈붉은 돼지〉에서 마르코가 숨어 살았던 그 요새 같은 해변이 지천으로 널려 있다. 실제로 미야자키 하야오는 한때 크로아티아에 머물며 〈붉은 돼지〉와 〈마녀 우편배달부 키키〉를 그렸다고 한다. '바다가 보이는 곳으로 가고 싶은' 키키의 마음을 사로잡았던 마을도, 바로 이곳 두브로브니크였다. 재즈 카페에선 〈붉은 돼지〉의 재즈 싱어 지나가 예쁜 드레스를 입고 노래를 부르고 있을 것 같다. 늦은 밤 구시가를 거닐다 보니 마을 곳곳에 진짜 분위기 좋은 재즈 클럽이 널려 있다.

···나이 든 '친구' 여행객

그곳에서 나는 유럽으로 자전거 여행을 떠난 일본 할아버지와 캐나다 할머니 커플을 만났다. 결혼이라는 제도를 거부한 그들은 연인이 아니라

끈끈한 동지처럼 보였다. 엊저녁 카페에서 만나 친해진 미국인들과 사이좋게 과일을 나눠먹고 있던 그들은, 스스럼없이 내게 손을 내밀었다. 어디서 왔는지, 어떤 여행을 하고 있는지 호기심도 많고 듣고 싶은 것도 많다.

그들은 자전거를 타고 유럽을 돌고 있다고 했다. 크로아티아 해변을 따라 달린 그들의 자전거는 많이 닳아 있었지만, 주름진 그들의 얼굴이 아름답듯 자전거 바퀴에 묻은 먼지 하나도 예사롭게 보이지 않았다. 여러 나라에서 묻혀온 흙먼지가, 여러 사람들과 함께한 추억을 공유하며 사랑의 증언처럼 자전거에 예쁘게 달라붙어 있었다. 나는 말 갈퀴를 만지듯 자전거를 손으로 한번 쓱 훑어내렸다. 알루미늄의 차가움이 아니라 따뜻한 온기가 만져졌다. 여름이었으니까, 한낮의 크로아티아에 던져져 있었으니까, 어쩌면 당연한 일이다. 그래도 나는 왠지 이 따뜻함이 두 사람의 사랑의 온도라고 굳게 믿고 싶었다.

나는 이 자전거가 아직 페리를 타고 이탈리아 바리를 지나 프랑스를 지나 영국 해협 어딘가를 건너고 있는 상상을 한다. 그들의 자전거 여정은 언제 끝날지 모르는 열린 여행이라고 했으니까. 나는 왠지 그들이 〈붉은 돼지〉의 마르코와 그녀의 첫사랑 지나와 비슷하다고 생각했다. 그들이 함께 달리는 길 위에 지나의 '버찌의 계절Le Temps des Cerises'을 백그라운드뮤직으로 깔아주고 싶다. 그 노래는 아드리아의 바다와 너무 잘 어울리는 부드러운 밀크 같은 목소리다.

Single Traveler's Route

:: 오스트리아, 슬로베니아, 크로아티아

오스트리아 빈 IN ➡ 멜크 수도원, 바카우 계곡 ➡ 슬로베니아 류블랴나 ➡ 포스토니아 동굴 ➡ 블레드, 보힌 호수 ➡ 플리트비체 공원 ➡ 크로아티아 스플릿 ➡ 두브로브니크 ➡ (저가항공 이용)오스트리아 빈 OUT

※예상 경비 : 12일 200만 원

최고의 코스
Must do item 10

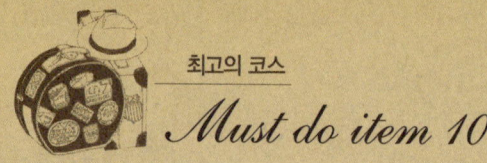

#1. 그린칭 선술집에서 한 잔의 추억 쌓기

빈을 제대로 즐기려면 〈비포 선라이즈〉의 사랑스러운 연인, 제시와 셀린느의 여행법을 그대로 따라하면 된다. 빈의 대표적인 관광지인 슈테판 성당과 케른트너 거리는 가뿐히 제쳐두고, 대신 프라터 유원지와 중앙묘지, 레코드숍을 돌아다니며 빈이 뿜어내는 자유의 공기를 마셔보자. 저녁에는 빈 숲 근처의 그린칭 선술집에서 와인을 마시며 타로카드 점을 보거나 제시와 셀린느처럼 빈 공원에서 노숙을 하는 것도 괜찮다. 빈에는 밤을 지새우기에 적당한 녹지대가 아주 많다.

#2. 멜크 수도원과 바카우 계곡으로 소풍 가기

소설 『장미의 이름』의 배경이 된 곳은 이탈리아 수도원이지만, 사실 움베르토 에코는 오스트리아 근교 멜크 수도원에서 영감을 받아 이 소설을 쓰게 되었다고 한다. 빈 역에서 1시간 정도 기차를 타고 가면 닿을 수 있는 멜크 수도원은 한때 부패한 수도원으로 명성(?)을 날리던 곳답게 최고급 인테리어와 귀금속 보유량을 자랑하고 있다. 하지만 이곳에서 가장 아름다운 곳은 화려한 장식품이 아니라 1,800여 권의 필사본과 9만여 권의 장서가 보관된 도서관이다. 오래된 책에서 풍기는 곰팡이 냄새가 이야기의 시원으로 안내하는 비밀 열쇠처럼 조용히 말을 걸어온다.

#3. 빈 커피하우스에서 맛있는 커피 한 잔

빈은 세계에서 가장 다채로운 방법으로 커피를 즐기는 나라다. 우유를 데워서 넣느냐 그냥 넣느냐에 따라, 크림의 양에 따라, 거품의 유무에 따라 커피의 이름이 모두 달라진다. 모든 사람들이 각각의 취향으로 자신이 좋아하는 커피를 홀짝거린다. 빈의 커피하우스는 그냥 커피를 마시는 곳이 아니라, 혼자 사색에 잠기기 좋은 우아한 문화 공간이다. 이곳에 앉아 느긋하게 커피 한 잔의 여유를 즐기는 것도 빈을 '느끼는' 또 다른 방법이다.

#4. 예술의 향기에 취해보기

빈에선 발품을 조금 팔면 아주 싼 값에 문화, 예술을 즐길 수 있다. 빈 소년 합창단의 공연을 보고 싶다면 주말 빈 궁정 예배당을 방문하면 된다. 제대로 된 오페라나 음악회를 보고 싶다면 도시 곳곳에서 열리는 공연의 싼 티켓을 노려보자. 빈 관광안내소나 호텔 프런트에서 공연 리스트를 얻을 수 있다. 예매는 필수. 유럽의 3대 공연장 중 하나인 빈 오페라 하우스는 3, 4유로짜리 싼 입석 티켓을 판매한다. 단, 공연 3시간 전에 도착하는 것은 필수. 모든 공연이 중단되는 7, 8월에는 시청사 앞에서 필름 페스티벌이 열린다.

#5. 슬로베니아 근교 나들이

슬로베니아 근교에는 당일 코스로 돌아볼 만한 관광지가 많다. 블레드 또는 보힌 호수와 포스토니아 동굴이 대표적인 관광지. 세계에서 두 번째로 긴 카르스트 동굴인 포스토니아 동굴은 무더운 여름날 다녀오기 좋은 곳이다. 자연이 빚어놓은 아름다운 조각들이 동굴 가득 펼쳐진다. 블레드 호수는 아름다운 성과 호수가 조화를 이루고 있는 휴양지. 류블랴나에서 당일로 다녀와도 좋지만, 여유롭게 하룻밤을 묵으며 근처 보힌 호수까지 자전거를 타고 다녀오자. 류블랴나 기차역을 등지고 오른편으로 10미터쯤 이동한 후 찻길을 반쯤 건너면 버스 티켓 부스가 있는데, 이곳에서 블레드와 포스토니아 동굴, 크로아티아행 국제 티켓을 구입할 수 있다.

#6. 류블랴나 성까지 걸어서 올라가보기

류블랴나 성을 방문할 때는 1.5유로짜리 케이블카를 타고 빠르게 올라가기보다 걸어서 올라가길 권한다. 아래서 보면 조금 멀고 힘난해 보이지만, 구시가 골목을 통해 성으로 가는 길은 의외로 예쁜 나무와 집들이 많아 꽤나 운치 있다. 성을 따라 좁게 난 길을 30분가량 걸으면 류블랴나 성이 나온다. 성 입구 카페에서 차를 한 잔 마셔보자.

#7. 스플릿에서 이탈리아 '스타일' 관광

스플릿은 이탈리아와 아주 가까운 크로아티아 최고의 교통 중심지다. 매일매일 이탈리아로 가는 배가 뜨고, 그곳에서 오는 배가 정박한다. 동유럽에서 이탈리아 스타일을 제대로 접하고 싶다면, 스플릿이 가장 적당한 관광지다. 스플릿의 윤기 흐르는 해변에는 이탈리아 정통 아이스크림 가게와 피자 가게, 스파게티 레스토랑이 즐비하다. 로마의 지배를 받았던 나라답게 로마 디오클레시안 궁전이 관광의 중심지로 우뚝 버티고 있다.

#8. 플리트비체 국립공원 다녀오기

수도 자그레브에서 2시간 30분, 스플릿에서 3시간 30분 거리에 있는 플리트비체 국립공원은 요즘 뜨고 있는 동유럽 최고의 관광지다. 여느 평범한 공원을 상상하고 이곳을 찾는다면 동화처럼 아름다운 풍경에 입이 떡 벌어질 가능성이 크다. 예전에는 크로아티아 여행의 핵심 지역이 두브로브니크였지만, 요즘은 크로아티아 중부 지역으로 점점 바뀌고 있다. 당연히 플리트비체 덕분이다. 16개의 호수 사이로 100여 개의 폭포수가 흐르는 풍경이 장관이다.

#9. 아드리아해에서 망중한 즐기기

〈붉은 돼지〉의 포르코는 아드리아 바다에 보석 같은 아지트를 갖고 있다. 동굴 사이에 깊이 숨겨진 맑고 깨끗한 바다. 크기는 아담하고 인적은 드물다. 영화처럼 혼자만의 공간은 아니지만, 포르코의 아지트를 연상시키는 해변이 두브로브니크 안에 진짜 있다. 바로 벨뷔 해변이다. 버스를 타고 벨뷔 호텔 앞에 내려 절벽 아래로 10분쯤 걸어 내려가면 누군가가 깊이 숨겨둔 것 같은 비밀스러운 해변이 나타난다. 깊이도 적당하고 인적도 드물어 몇 날 며칠 유유자적하며 놀기에 좋은 곳이다. 구시가 항구에서 배를 타고 10분이면 갈 수 있는 로크룸 섬도 한 번쯤 들러볼 만하다. 가끔 나체 해변으로 변하는 이곳은 두브로브니크 안의 또 다른 파라다이스다.

#10. 오징어 먹물 스파게티 먹기

두브로브니크에서 가장 유명한 요리는 오징어 먹물 리조또다. 오징어 먹물을 잔뜩 부은 밥은 시커 멓고 볼품이 없어 처음엔 숟가락이 가지 않지만, 일단 맛을 보면 입 안 가득 넓게 퍼지는 풍미를 제대로 느낄 수 있다. 고소하고 중후한 맛이 강해 오랫동안 맛의 여운이 가시지 않는다. 구시가 골목이나 라파드 지구에 있는 분위기 좋은 레스토랑에서 쉽게 맛볼 수 있다.

Walkway 6.
중세 유럽을 내 품 안에

체코, 헝가리, 세르비아, 불가리아

내 삶은 일관되게 시시했다.

시시한 내 삶과 참 많이 닮은 도시를 중심으로 루트를 짰다. 의외로 빛나는 보석이 세공되었다.

내 삶에도 이런 의외의 보석이 숨어 있을까?

···웰컴 프라하

체코에서 태어났지만 프랑스어로 소설을 썼던 망명 작가 밀란 쿤데라는 자신을 버린 혹은 자신이 의도적으로 버린 '조국'에 대해 이렇게 말했다. "나에게 조국은 자랑스럽게 내세울 만한 것이 아니라 영원한 연민의 대상이었다." 그의 조국은 체코. 나는 쿤데라의 글을 읽으며 가슴이 잠시 쩡했던 기억이 있다. 나에게도 조국은 걱정하고 안쓰러워하는 대상이지 자랑스럽게 내세울 만한 곳은 아니었으므로. 나는 그 연민의 땅을 밤 10시에 밟고 있었다.

프라하 공항은 카프카의 성처럼 낡고 건조하다. 자본주의 물결이 치고

체코 관광의 중심지인 구시가 광장. 카를교를 건너면 바로 구시가 입구가 나온다.

들어온 지 30여 년이 지났지만, 아직 프라하는 그 물결을 충분히 흡수하지 못하고 중간 어디쯤을 어슬렁거리고 있는 것 같다. 어둠이 낮게 깔린 공항은 을씨년스럽다. 나는 지하철 막차를 타기 위해 가방을 끌고 부리나케 어둠 속을 행진했다. 68년, 프라하의 봄을 무너뜨리기 위해 바츨라프 대로를 진군했던 소련군처럼.

지하철을 타기 위해서는 먼저 버스를 타고 종점까지 가야 한다. 버스 정류장에 도착했을 때 나는 잔돈을 미처 준비하지 못했다는 사실을 깨달았다. 버스 정류장엔 낡은 동전 기계만 덩그러니 서 있었다. 잔돈이 없으면 표를 살 수 없다. 호주머니를 아무리 뒤져봐도 없던 동전이 튀어나올 리는 만무했다. 난감한 표정을 지으며 표 파는 곳을 두리번거리는데 키가 멀대같이 큰 체코 남자가 동전 하나를 기계에 쏙 집어넣어 주었다. 20코루나. "이것만 있으면 90분 동안 버스나 지하철을 모두 탈 수 있어."

나는 이 남자의 호의에 뭔가 답례를 하고 싶었지만 가진 것이라곤 가방 앞주머니에 찔러넣은 먹다 남은 빵조각이 전부였다. "어쩌지, 난 너에게 이 돈을 갚을 수 없을 것 같은데." 그는 빙긋이 웃으며 쓸데없는 걱정을 다한다는 표정을 지었다.

"체코는 타락했어. 돈 냄새를 맡아버린 거지." 체코어를 전공한 친구는 체코에 더 이상 옛 시절의 낭만 따위는 없다며 한탄하듯 말했다. 하지만 체코에 처음 도착한 나에게 아무 대가 없이 20코루나를 적선해 준 사람은 분명 돈 냄새를 풍기지 않는 친절한 체코 남자였다. 나는 그의 친절을 기쁘게 받기로 했다. 이것은 체코가 내게 건네는 반가운 인사처럼 느껴졌

비셰흐라드 산책로에선 시간도 길을 잃는다. 지금 이곳은 몇 세기 어느 왕조의 거리일까?
찬란한 햇빛 한 줌이 360도 주름을 만들며 골목 위로 쏟아지고 있다.

체스키 크룸로프 가는 길은 한 편의 아름다운 멜로드라마 같다.

다. "웰컴, 프라하!"

···시간의 실종

사람들은 프라하에 오면 대부분 프라하 성과 카를교, 구시가 근처를 어슬렁거리다 일찍 가방을 싸고 헝가리나 오스트리아로 떠난다. 도시의 중심을 도는 데 드는 시간은 반나절이면 충분하다고 말한다. 하지만 프라하의 진짜를 보기 위해선 구시가의 외곽으로 나가야 한다. 나는 이 도시에

프라하 '존 레논의 벽'. 세계의 언어로 쓰인 추모의 글이 있다.

서 가장 아름다운 곳 중 하나로 스메타나와 무하의 묘지가 있는 비셰흐라드를 꼽고 싶다. 7년 전 처음 프라하를 찾았을 때 나는 이곳의 아름다움에 중독되어 한동안 정신을 못 차렸다. 비셰흐라드는 빨간 지붕들의 마을을 품에 안고 있는 아담한 성곽 산책로다. 지하철역에서 내리면 비셰흐라드를 따라 산책길이 길게 나 있는데, 그곳 전망대에선 프라하 성과 프라하 시내가 훤히 내려다보인다. 아주 작은 점처럼 흐릿하게 서 있는 프라하 성을 지켜보는 건 조금 아련한 느낌이다.

해질 무렵 프라하 성에 오르는 것은
야경의 진원지로 찾아가는 일이다.

7년 전 비셰흐라드 다리 위에는 맑은 빗물이 고여 있었다. 그리고 지금은 하늘 꼭대기에 걸린 햇빛 한줌이 360도 주름을 만들며 다리 위에 찬란히 쏟아지고 있다. 그 작은 차이를 제외하면, 비셰흐라드는 하나도 변한 것 없이 그 길 그대로다. 나는 그 길을 걸으며 시간의 실종을 경험한다.

　　'고지대에 위치한 성'이라는 뜻의 비셰흐라드에는 호프가 하나 있다. 독일식 전통 호프가 아니라 버려진 땅에 테이블 몇 개를 가져다놓은 '자연주의' 술집이다. 나는 그곳에서 20코루나를 주고 500리터짜리 큼지막한 맥주 한 잔을 손에 쥐었다. 공터에 삼삼오오 모여 있던 체코인들이 혼자 앉아 맥주를 홀짝거리는 여자를 물끄러미 쳐다본다. 나는 그들의 시선을 애써 외면하며 빨간 고깔모자처럼 삐죽하게 솟아 있는 지붕의 꼭대기를 내려다보았다. 스메타나의 '나의 조국' 1악장을 흥얼거리며 볼타바 강을 내려다보고 있는데, 한 남자가 다가와 말을 걸었다. "어, 어떻게 이 노래를 알고 있는 거지?"

　　동양에서 온 까만 머리 여자가 그들의 민족혼이 담긴 노랫가락을 흥얼거리는 것이 조금 신기하게 느껴졌던 모양이다. 하긴, 노랑머리 남자가 '아리랑'을 흥얼거리고 있었다면 나 역시 너무 신기해서 말을 걸고 싶었을 것이다. 남자는 영어를 잘 하지 못했다. 우리는 가만히 볼타바 강을 바라보며 맥주를 마셨다. "체코는 타락하지 않았어." 나는 마음속으로 기분 좋게 이 말을 중얼거렸다.

···버스에서 만난 배낭 결혼식

체스키 크롬로프로 가는 길은 한 편의 아름다운 멜로드라마 같다. 여행을 다니다 보면 어떤 길에는 나만이 간직할 수 있는 예쁜 이름을 지어주고 싶은 경우가 있는데, 체스키 크롬로프 가는 길이 꼭 그랬다. 들고 간 소설책에 도무지 눈길을 둘 수 없을 만큼 아름다운 풍경이 3시간 내내 이어졌다. 창밖에서 상영중인 영화는 아직 비극이 시작되기 전의 〈엘비라 마디간〉이다. 몽글몽글하게 피어오르는 구름과 노란 밀밭, 사람을 홀릴 듯 점점이 흩뿌려진 다홍색 양귀비꽃이 어우러진 들판 사이로 희고 순결한 드레스를 입은 엘비라 마디간이 웃음을 흘리며 달려올 것 같다. 스메타나와 밀란 쿤데라가 '조국'에 대해 가졌던 연민을 지금 이 순간에는 도저히 이해할 수 없다. 그것은 조국에 대한 자부심을 느끼기에 충분한 아름다움이었다.

버스 뒷자리에는 수상한 단체여행객들이 수다를 떨며 앉아 있었다. 내가 자리를 찾아 이동하는 동안에도 그들은 버스 통로를 막고 비켜주지 않았다. "잠시 지나갈 수 있을까요?" 덩치 큰 남자에게 길을 비켜달라고 하자 남자가 대뜸 나를 돌아보며 말했다. "오늘이 제 결혼식이거든요. 축하해 주세요!" 나는 처음 본 남자에게 얼떨결에 결혼 축하인사를 건넸다. 알고 보니 그들은 결혼식을 올리기 위해 먼 미국에서 이곳까지 왔다고 했다.

신부는 드레스가 아니라 시장 바닥에서 산 것 같은 얇고 초라한 원피스를 입고 있었다. 3시간 내내 신랑 신부는 자리 하나에 엉덩이를 붙이고 앉아 얼굴을 부비며 사랑을 표현하기 바빴다. 그들의 친척인 듯한 나이 든

체스키 크롬로프에선 마을사람보다 관광객을 더 자주 만나게 된다.
모두 구경꾼의 눈으로 거리를 훑고 있다.

아저씨가 내게 윙크를 건네며 그들의 러브 스토리를 들려주었다. 그들은 1년 전 배낭여행을 떠났다가 체스키 크롬로프에서 만나 사랑하게 되었다고 했다. 그래서 오늘 이렇게 가까운 친척과 친구를 초대해 체스키 크롬로프에서 결혼식을 올리게 되었다는 것이다.

버스에서 내린 신부는 10킬로그램은 족히 되어 보이는 무거운 가방을 메고, 마치 가이드라도 되는 양 체스키 구시가를 향해 씩씩하게 걸어갔다. 한국의 신부들이 아침 일찍부터 머리를 매만지며 대기실에 앉아 '벽의 꽃'이 되어 있는 것과는 달리, 그녀는 결혼하고 싶은 장소를 찾아 씩씩하게 걸어가고 있는 것이다. 멋진 풍경이다. 혼자 체스키 크롬로프행 버스에 오른 나는, 그들처럼 이 도시에서 우연한 사랑을 만나게 될지도 모른다는 생각에 잠시 기분이 야릇해졌다.

···낮에는 순결, 밤에는 섹시한 도시

예쁘게 치장한 새색시 같은 체스키 크롬로프는, 밤이 되자 순결의 껍질을 벗고 축제의 도시로 변했다. 낮 동안 골목 어귀에서 우아하게 커피를 홀짝이던 젊은이들은 저녁이 되자 도시 곳곳의 허름한 바에 모여 화려한 맥주 파티를 벌였다. 밤은 영원히 계속될 것처럼 아득하게 이어졌다. 내가 묵은 호스텔도 밤이 되자 신발을 질질 끌고 내려온 젊은이들로 북새통을 이뤘다. 아찔한 로맨스의 환상을 이루지 못한 나는, 그날 밤에도 여전히 혼자 술을 마시고 노래를 들었다. 한적한 시골 마을의 담벼락을 타고 비어 팝에서 틀어놓은 음악이 빗물처럼 흘러내렸다. 휘적거리며 걷기에 좋은

밤이다.

새벽 산책을 마치고 숙소에 돌아와 보니, 12인실 호스텔은 아직 텅 비어 있다. 거나하게 취한 사람들 중 몇 명은 오늘 나와 함께 이 동굴 호스텔에 몸을 눕힐 것이다. 아래층에선 뷔욕의 'It's oh so quiet'가 흐르고, 아이들의 발 구르는 소리가 더욱 요란해진다. 아마도 마지막 정열의 춤을 추고 있는 모양이다. 나는 다리를 개구리처럼 말아올리고 조용히 잠을 청했다. 음악 따윈 내 잠을 방해할 수 없다고 다독이면서.

한 시간쯤 잤을까, 두 명의 서양 남자가 방으로 들어와 불을 켜고 소란을 떨기 시작했다. 오늘밤 이 방에 묵는 사람은 두 명의 미국인과 한 명의 동양 여자뿐. 두 남자가 잠든 척 눈을 감고 있는 나를 바라보며 걸쭉한 농담을 시작했다. "우와, 트리플이 가능하겠는데! 얘 깨워서 놀아볼까?"

도대체 이 호스텔 주인은 어쩌자고 혈기왕성한 두 남자와 무서움 많이 타는 여자를 한 방에 집어넣은 것일까. 나는 리셉션 언니를 원망하며 두 눈을 질끈 감고 밤을 꼴딱 새웠다. 제발 이 두 남자가 정신을 똑바로 차려 못생긴 동양 여자 따위에는 관심을 갖지 않게 해달라고 애원하면서. 아침에 일어나자 블루투스처럼 생긴 두 명의 사내가 코를 드르렁거리며 옆 침대에서 곤히 자고 있었다. 나는 그들이 깰까봐 조심스럽게 짐을 챙겨 도망치듯 호스텔을 뛰쳐나왔다. 밤새 축제를 벌였던 도시는 강렬한 햇살에도 아랑곳하지 않고 게으르게 늦잠을 자고 있었다. 두 개의 얼굴을 가진 체스키 크룸로프에서 나는 왠지 밤의 얼굴을 더 사랑하게 될 것 같았다. 밤은 위험하지만 수많은 사건과 이야기를 품고 있는 가능성의 시간이기 때문이다.

헝가리 부다페스트는 고풍스러운 부다 지구와 현대적인 페스트 지구로 나뉘어 있다.

···일본 헝그리 배낭족과 함께

헝가리 부다페스트행 버스는 새벽 6시 30분에 출발했다. 새벽 공기를 가르며 이제는 익숙해진 프라하의 낡은 버스 터미널로 부지런히 발길을 옮겼다. 사람들이 북적이며 짐을 싣고 있었다. 그런데 짐을 실을 때마다 웬일인지 버스 운전기사가 돈을 주머니에 챙겨넣는다. '어, 짐 싣는 데도 돈이 드는 건가?' 엊저녁 잔돈을 탈탈 털어 맥주를 마신 탓에 내 호주머니에는 동전 한 닢 남아 있지 않았다. "돈이 한 푼도 없는데 어떡하죠?" 표정이 굳어진 운전기사가 아무 대꾸도 하지 않고 뒷사람의 짐부터 말없이 버스에 싣기 시작했다.

나오야는 그곳에서 만난 가난한 일본 배낭족이다. 나처럼 동전 한 닢 갖고 있지 않던 나오야는, 내 상황을 첫눈에 간파하고 함께 구걸 2인조가 되자고 했다. 나오야가 외국 아이들에게 우리의 상황을 설명하자, 한 남자가 씽긋 웃으며 우리의 짐 값을 대신 지불해 주었다. "휴, 이로써 나는 프라하에서 또다시 돈을 얻어가게 된 셈인가?" 타락한 프라하에서, 나는 헬로와 굿바이 인사를 모두 구걸로 대신한 셈이다. 이것은 프라하 여행의 멋진 대구처럼 느껴졌다.

이왕 구걸 2인조가 된 김에 우리는 부다페스트에서도 계속 함께 있기로 했다. 내가 싼 숙소를 찾고 있다고 하자, 그도 마찬가지라고 대답했다. 그때까지만 해도 나는 나오야가 그 정도로 헝그리한 배낭족인 줄은 꿈에도 생각하지 못했다. 위기의 전조가 시작됐다. 그는 숙소까지 버스나 지하철을 탈 수 없다고 고집을 피웠다. 우리가 찾는 호스텔은 아주 가까운 곳

'스튜던트 에이전시' 버스를 타고 부다페스트로 가는 길

에 있으니 그냥 걸어가자는 것이다. 하지만 가도 가도 호스텔은 결코 우리 앞에 나타나지 않았다. "그렇다면 내가 점찍어 둔 숙소로 가보는 건 어때?" "거기도 역시 걸어가는 게 좋을 것 같아." 진즉 눈치를 챘어야 했다. 그는 내가 만난 여행객 중 가장 헝그리한 배낭여행자. 비교적 숙박비가 싼 체코에서도 며칠간 노숙을 한 용감한 놈이었다.

    대중교통을 이용하지 않고 부다페스트에서 숙소를 찾는 건 결코 쉬운 일이 아니다. 카메라 장비와 노트북까지 구겨넣은 배낭이 아래로 축축 흘러내렸다. 그가 들고 온 일본어 가이드북은 별로 친절하지 않았다. 심지어

나는 가이드북도 하나 갖고 있지 않은 '무대뽀' 배낭여행자. 인터넷에서 대충 찾아놓은 주소 몇 개가 전부였다. 우리는 걷고 또 걸으며 뜨거운 부다페스트의 오후를 지겹도록 감상했다. 깡마른 체구의 나오야는 걷다가 힘에 부치면 비닐봉지에 들어 있는 빵과 물을 걸신들린 듯 베어먹었다.
"너도 한 입 먹을래?"

그가 먹고 있는 것은 〈어바웃 어 보이〉에서 휴 그랜트가 무심코 던졌다가 호수에서 잘 노는 오리를 사망시켰던, 가끔 흉기로 돌변할 만한 딱딱한 밀가루 빵이었다. 그에게 빵은 하루치 식량. 그는 물과 밀가루 맛만 나

부다 지구 최고의 관광지인 '어부의 요새'

어부의 요새에서는 부다페스트의 야경이 한눈에 내려다보인다.

는 그 빵으로 하루를 연명한다고 했다. 지하철과 버스는 거의 타지 않는다. 아침에 일어나면 거리로 나가 걷고 또 걷다가 길에서 잠을 청한다. 레스토랑에는 가본 적도 없고, 내가 찾아낸 부다페스트의 숙소가 자신이 몇 달 동안 묵었던 숙소 중 가장 호화로운 곳이라고 말했다. 그곳의 방값은 겨우 12유로. 내가 그때까지 묵었던 숙소 중 가장 저렴하고 가장 더러운 곳이었다.

호스텔에 남는 방이 하나밖에 없는 관계로 우리는 같은 방에 단 둘이 묵게 되었다. 오후 내내 걸었던 탓인지 나는 밤 9시도 안 됐는데 침대에 들어가자마자 깊이 곯아떨어졌다. 옆 침대에 낯선 남자가 누워 있다는 것 따위는 아무 걱정도 되지 않았다. 자다가 문득 눈을 뜨면 나오야가 인터넷을 들여다보며 뭔가를 중얼거리는 소리가 들렸다. "다카이! 야스이!" 그날 밤 내내 줄기차게 들었던 단어는 다카이와 야스이. 아침에 눈을 떴을 때 나는

그 단어의 의미부터 물었다. "다카이와 야스이가 도대체 무슨 뜻이지?" "'다카이(たかい)'는 '비싸다', '야스이(やすい)'는 '싸다'라는 뜻이지. 후후." 그는 저녁 내내 싼 것과 비싼 것을 대조하며 앞으로 남은 여행 경비를 배분하고 있었던 것이다.

··· 부다페스트 '어부의 요새'

부다페스트는 다뉴브 강을 경계로 오래된 부다 지구와 신시가지가 있는 페스트 지구가 애처롭게 서로를 마주보고 있는 도시다. 이 도시를 제대로 구경하려면 하루는 페스트 지구에, 또 하루는 부다 지구에 오롯이 투자하는 게 좋다. 첫날을 잠자는 데 모두 써버린 나는 부다페스트를 알차게 구경하기 위해 시간 배분을 엄밀히 해나갔다. 〈글루미 썬데이〉에서 아름다운 일로나가 풍성한 갈색 머리카락을 흔들며 자전거를 타고 달렸던 세

체니 다리를 걸어 부다페스트의 야경을 감상할 수 있는 '어부의 요새'로 올라갔다. 체코 카를 교에서 바라본 야경보다 훨씬 휘황찬란한 불빛 축제가 요란하게 펼쳐지고 있었다.

흥미로운 것은 어부의 요새에서 좌판을 벌이고 앉아 게임을 하는 도박꾼들이다. 두 개의 컵을 마구 움직여 구슬이 어디 있는지 맞추는 간단한 게임. 좌중의 관심을 흐트러뜨리기 위해 좌판을 벌린 남자는 평소보다 큰 목소리로 어디에 구슬이 있는지 알아맞춰보라고 외쳤다. 그의 옆에는 게임에 푹 빠져 있는 한 명의 남자가 있었다. 그는 계속 큰돈을 걸고 돈을 빼앗겼다 벌기를 반복했다. 아무래도 이 남자는 게임을 주도하는 남자와 한 패인 모양이다. 눈에 뻔히 보이는 거짓말을 반복하는데도, 사람들은 이 남자가 돈을 따자 도박의 열기를 불태웠다. 저 남자처럼 돈을 딸 수 있으리라는 희망을 안고······.

뻔한 거짓말에 속아넘어가는 사람들이나 뻔한 거짓말을 천연덕스럽게 하고 있는 도박판 주인이나, 내 눈에는 모두 머저리 같아 보였다. 하지만 이 허술한 미끼에 넘어가는 사람도 간혹 있다. 큰돈을 잃었는지 머리카락을 움켜쥐고 괴로워하는 남자가 도박판 옆에 허탈하게 앉아 있었다. 나는 그의 등을 토닥거리며 '네가 당한 거'라고 말해 주고 싶었지만, 도박판 주인이 흘끔거리며 경계의 눈빛을 감추지 않았기 때문에 결국 나는 이 난장판에 끼어들지 않기로 결심했다. 가끔 세상은 뻔한 거짓말로 이루어진 거대한 농담 같다.

…하얀 도시에서 중국 소녀가 되다

체코나 헝가리와 달리 세르비아는 사람들이 즐겨 찾는 관광지가 아니다. 이건 다시 말해 배낭여행객을 위한 설비가 턱없이 부족하다는 뜻이기도 하다. 유스호스텔도 드물고, 관광안내소도 찾아보기 어렵다. 한국인은 고사하고 동양인도 거의 만나볼 수 없는 도시. 나는 이 낯설고 어두운 미지의 나라에서 우연히 밝고 유쾌한 집시 밴드를 만났다.

마침 베오그라드에선 음악 축제가 열리고 있었다. 거리 곳곳에서 진행되는 연주회는 내용도 다채롭고 실력도 대단하다. 쇼핑을 하며 거리를 걷고 있는데 길 한복판에 사람들이 모여 있는 게 보였다. 에밀 쿠스트리차 밴드를 연상시키는 신명 나는 관악기 연주단이 노래를 부르며 춤을 추고 있었다. 연주자와 관객의 구분이 따로 없는 자유로운 연주회. 연주자가 구경꾼 중 한 사람을 에워싸면 지목된 관객이 노래를 부르고 춤을 추는 독특한 방식의 공연이다. 신나게 그 광경을 지켜보고 있는데, 연주자 중 한 사람이 고개를 삐죽 내밀고 내게 다음 주인공이 되어줘야겠다고 말했다. "넌 어디서 왔니?" "한국." "음, 오늘은 중국 소녀가 되어야 해!"

무슨 뜻인지 몰라 어리둥절해하고 있는데, 연주자들이 내 주위를 에워싸고 중국 노래를 부르기 시작했다. 어, 내가 사람들 앞에서 춤추고 노래해야 할 바로 그 주인공이 되어버린 건가? 연주자들은 중국 노래를 연주하며 흥을 돋우기 시작했다. 나는 어색하게 주뼛거리다가 간신히 그들의 음악에 맞춰 어깨춤을 추었다. 노래에 어울리지 않는 덩실덩실 아리랑 춤이 튀어나왔다. 그때 갑자기 그들이 연주를 멈추고, 내게 생음악을 불러보라

세르비아에서 만난 집시 밴드. 에밀 쿠스트리차 밴드를 연상시킨다.

고 재촉했다. 내가 도저히 따라 부를 수 없는 중국 노래를 연주하면서.

"어, 난 한국인이에요. 이 노래는 내가 전혀 모르는 곡이라고요!" 구경하던 사람들이 나의 어정쩡한 모습에 박장대소를 터트리기 시작했다. 연주가 끝나고 어색해하는 내게 사람들이 다가와 한마디씩 건넸다. "넌 세르비아에서 아주 유명해졌어. 이 공연은 세르비아 TV에 방영될지도 몰라."

나는 내 얼굴이 세르비아 TV에 나오는 모습을 결국 보지 못했다. 신명 나는 춤판을 벌이지 못했으니 아마 편집되어 잘려나갔을 게 분명하다. 하지만 춤을 추고 나자 확실히 기분이 전에 없이 산뜻해졌다. 〈집시의 시간〉의 마지막 장면을 그대로 재현한 것 같은 느낌. 나는 흥분됐던 마음을 살짝 가라앉히고 천천히 베오그라드 성벽을 따라 걸었다. 그곳에선 고상한 실내악 공연이 펼쳐지고 있었다. 날이 서서히 저물고 현악기의 아련한 떨림이 귓가를 파고들었다. 불과 얼마 전까지 발칸의 화약고였던 이곳에 평화가 안착했다는 안도감이 다정하게 스며들었다. 나는 중세 귀족의 살롱에 앉아 있는 것처럼 편안한 마음으로 현악 연주를 감상했다. 예상치 못한 평화가 베오그라드를 우아하게 뒤덮고 있었다.

연방과 해체로 얼룩졌던 도시의 과거를 알려주는 건, 거리 곳곳에 남아 있는 몇 개의 건물이 전부였다. 구멍 뚫린 치즈처럼 볼품없는 건물들을 가리키며 내가 물었다. "왜 이 건물은 부수지 않고 그대로 남겨둔 거지?" 거리에서 만나 친구가 된 로라는 대수롭지 않게 대답했다. "이 건물은 전쟁중에 생긴 상처야. 빨리 부숴야겠지만, 이 건물을 부수면 옆 건물이 무너질지도 모르기 때문에 부수지 않고 이렇게 남겨놓은 거야." 나는 고개를 끄덕이며 평화로운 세르비아에 남은 마지막 상흔을 돌아보았다.

···세르비아의 더러운 기차 여행

그리스 테살로니키행 티켓을 사기 전, 나는 예매 창구에서 먼저 기차의 이동 방향을 물었다. 만일 기차가 마케도니아를 지나간다면 한국인은 비자가 필요할지도 모른다. 기차는 역시 마케도니아를 지나간다고 했다.

"제 목적지는 마케도니아가 아니라 그리스 테살로니키거든요. 그냥 지나가기만 할 건데 비자가 필요할까요?" 인포메이션 센터의 여자는 아무 문제가 없다는 듯 단칼에 잘라 말했다. "그냥 지나가기만 하는 거라면 전혀~ 문제없어요." 그리하여 나는 아무 걱정 없이 그리스 테살로니키행 15시간짜리 티켓을 끊고 기차에 올랐다.

6인실 기차에는 세르비아인들이 촘촘히 앉아 있었다. 나는 비좁은 자리를 비집고 엉덩이를 바짝 구겨넣었다. 낯선 동양인을 흘끔흘끔 쳐다보던 세르비아 여자가 아무 양해도 없이 담배를 빼물었다. 옆자리에 앉은 여자도 따라서 담배에 불을 붙였다. 그 옆 사람도, 그 앞사람도. 순식간에 기차 안은 너구리굴처럼 낮은 연기로 가득 찼다. 비흡연자는 도저히 숨을 쉬기 어려운 상황. 용기를 내서 물었다. "여기는 흡연구역인가요?" 엊저녁 세르비아인들은 모두 영어를 잘한다는 로라의 이야기만 믿고 자연스레 대화를 시도했지만, 그들은 내 이야기를 전혀 알아듣지 못한 채 눈만 껌벅거렸다. 세르비아 사람들이 모두 영어를 잘하는 게 아니라, 베오그라드에 사는 젊은이들만 영어를 잘하는 모양이다. 15시간 동안 심심하게 입을 꾹 다물고 가야 할 것을 생각하니 조금 기운이 빠졌다.

장거리 여행을 떠난 그들은 가방 안에 먹을 것을 잔뜩 담아가지고 왔다. 담배를 피우지 않을 땐 과자라도 먹어야 직성이 풀리는지 입에 자꾸 뭔가를 집어넣었다. 과자 봉지를 내 앞으로 들이밀며 먹어보라고 재촉했다. 나는 그들이 내준 과자와 빵과 치즈를 집어삼키며 의미 없는 미소를 지어보였다. 우리가 탄 기차 안은 금세 웃음꽃으로 만발했다. 그들은 내가 세르비아어를 한마디도 할 수 없다는 걸 알면서도 세르비아어로 종알종알 대화를 시도했다. 시도하고 또 시도하는 강한 끈기. 어느새 우리 사이엔 우정이 싹텄다.

베오그라드에서 8시간 정도 지나왔을 무렵, 그들은 차례로 기차에서 내렸다. 8시간 동안 그들이 나에 대해 알아낸 정보라고는 어느 나라에서 왔는지, 이름이 무엇인지, 나이가 몇 살인지가 전부. 그 이야기를 알아내기 위해 수천 가지의 몸짓과 그림이 동원되었다. 정 답답할 땐 친구에게 전화를 걸어 영어 단어를 물어보고 내가 뱉어낸 단어의 발음을 반복한 끝에 겨우 내 이야기를 알아들었다. 이 고된 과정을 거쳐 내가 그들에 대해 알아낸 귀중한 정보는 내 앞에 앉은 남자와 여자가 어머니와 아들 사이라는 것. 어머니와 아들이 사이좋게 담배를 나눠 피우며 웃고 떠드는 모습은 연인처럼 다정해 보였다. 진정으로 친절하고 소박한 사람들이다.

하지만 아무리 친절하다고 해도, 좁은 기차 안에서 끊임없이 담배를 피워대는 것만큼은 조금 참기 어려웠다. 반나절 동안 우리의 발밑에는 꽁초와 담뱃재가 눈처럼 수북이 쌓여갔다. 과자를 먹고 난 후에는 봉지를 차창 밖으로 시원하게 던져버렸다. 과자 봉지가 블랙홀에 휩쓸려가듯 아득하게 멀어졌다. 과자 봉지와 종이가 날아가고, 담뱃재가 날아가고, 빵과 치즈를 쌌던 은박지도 모두 날아갔다. 내심 놀라 차창 밖을 훔쳐보니, 기차 레일 옆에 사람들이 마구 버린 쓰레기들이 전후의 시체처럼 처참하게 쌓여 있다. 이것은 세르비아의 문화인가? 그들은 너무 자유롭게 자기가 사는 마을을 쓰레기 더미로 만들고 있다. 행복하고 소박한 얼굴로, 아무렇지 않게. 나는 기찻길에 버려진 쓰레기들을 민망하게 쳐다봤지만, 그들 앞에서 환경문제의 심각성에 대해 강의할 순 없는 노릇이었다.

세르비아 기차는 쓰레기 전시장이다. 사람들이 던진 과자 봉지와 담배꽁초가 전후의 시체처럼 처참하게 널려 있다.

···마케도니아 국경에서 거부당하다

기차 안에서 웃음꽃을 피웠던 동지들이 모두 떠나고 나는 혼자 남아 국경에 도착했다. 이제부터는 마케도니아. 역무원이 내 여권을 찬찬히 살펴보더니 난감한 듯 물었다. "비자는 어디 있지?" "세르비아 역무원이 비자 따윈 필요 없다고 했어요. 난 마케도니아를 그냥 지나가는 중이거든요." 하지만 세르비아 역무원의 장담은 유효기간이 지난 백지수표처럼 허망했다. 역무원은 비자가 없는 나를 기차에서 끌고 내리더니 레일 한가운데 덩그러니 버려두었다. "비자를 받아오던지, 여기서 계속 서 계시던지!"

새벽부터 여행길에 올랐던 나는 지칠 대로 지쳐 있었고, 담배 연기에 찌들어 있는 세르비아의 낡은 기차는 이미 출발역에서 10시간을 달려온 후였다. 해는 뉘엿뉘엿, 몸은 천근만근, 티켓은 휴지조각. 난감해하는 나를 두고 세르비아 사람들이 모여 회의를 벌이기 시작했다. "비자를 받으려면 베오그라드로 돌아가야 하는데 그때 들어가는 비용은 얼마, 불가리아를 거쳐 테살로니키로 들어갈 때 들어가는 비용은 얼마." 나를 위해 경제적인 대차대조표를 세심히 만들어나가는 그들을 보며 나는 울어야 할지 웃어야 할지 대략 난감한 입장이 되었다.

결국 그날 나는 불가리아와 국경을 맞대고 있는 니슈행 기차를 타기 위해 또다시 긴 여행을 시작했다. 그리고 니슈에서 오랫동안 불가리아행 기차를 기다리며 연착되어 있었다. 떠나는 사람들의 뒷모습과 기차 꽁무니를 평생 보고도 남을 만큼 충분히 보게 된 셈이다. 나는 그들의 뒷모습에서 어딘가로 떠나는 사람들의 묘한 기대와 흥분을 읽는다. 어깨의 들썩임을 읽는다. 누군가와 긴 포옹을 나누고 있는 그들은, 이 시간이 지나면 모두 역에서 사라질 사람들. 〈터미널〉의 빅터 나보스키는 바로 그 장면을 9개월간 줄기차게 바라보며 살았을 것이다. 참 쓸쓸했겠다. 떠나는 사람은 걸음을 멈추지 않지만 남은 사람은 어쩔 수 없이 걸음을 멈추고 떠난 사람의 뒷모습을 바라보게 되어 있다. 나는 세르비아 기차역에서 빅터의 슬픔을 어렴풋이 눈치챘다.

···유령의 도시, 무표정의 나라

계획에 없던 불가리아 여행이 시작됐다. 나는 야외 테라스가 있는 15유로짜리 멋진 싱글룸에 투숙했다. 늘어지게 한잠 자고 소피아 시내를 어슬렁거리는데 리투아니아에서 온 잘생긴 군인 한 명이 말을 걸어왔다. 리투아니아가 어디 붙어 있는지, 어떤 언어를 사용하는지조차 몰랐던 나는, 그를 통해 낯선 세계를 만났다. 그는 영어와 러시아어와 리투아니아어를 유창하게 구사하는 매력적인 인텔리였다. 내가 아일랜드산 기네스 맥주를 좋아한다고 말하자, 자기 숙소 근처에 멋진 아일랜드 펍이 있으니 그곳에서 오늘 맥주를 한잔 사고 싶다고 했다.

맥주를 마시던 그는 "사람들이 불가리에 오는 이유가 이곳을 빼고 동유럽 루트를 짜기 어렵기 때문"이라고 말했다. 어느 누구도 불가리아 때문에 불가리아에 오지 않는다는 것. 그건 왠지 이 도시에 관한 가장 서글픈 해설처럼 들렸다. 겉모습만 보면 그런 푸념도 이해할 만하다. 불가리아는 유령의 도시처럼 어둡고 음침했다. 모든 것이 낡고 불편하다. 소피아 성당과 정교회 사원은 깔끔하게 정돈되어 있지만, 사방에 흩어진 공원과 도심의 풍경은 낭만이나 아름다움과는 거리가 조금 멀어 보였다.

선진국형 도시 문화보다 시장 바닥의 혼란스러움을 더 사랑하는 나는 물론 서유럽의 어떤 아름다운 건축물보다 불가리아 시장이 더 마음에 들었다. 사람들이 무표정한 얼굴로 채소와 야채를 팔고 있는 시장 풍경. 살기 위해 안간힘을 쓰는 악다구니가 이 도시에 치열한 열기를 드리우고 있었다. 햇살은 어느 때보다 강렬하게 몸을 바싹 태웠다.

사람들은 불가리아 도심보다 근교의 릴라 수도원이나 벨리코타르노브가 더 아름답다고 말한다. 불가리아 제국의 번성했던 시절을 훔쳐볼 수 있는 근교 여행은, 물론 고풍스러울 것이 분명하다. 하지만 나 역시 불가리아를 그저 '지나가는 곳'으로 여겼기 때문에 교외로 떠나볼 생각을 미처 하지 못했다. 두 번이나 불가리아를 여행했는데도 내게 불가리아는 그냥 '지나가는 곳'이었다. 오스만투르크 족이 이 도시를 서유럽의 관문이라 여겼듯이, 나 또한 이곳을 그저 어딘가의 관문이라 여기고 있었던 것이다.

하지만 불가리아는 그냥 지나치기엔 너무 많은 매력을 품고 있는 나라다. 아직 때 묻지 않은 순수를 간직한 유럽의 시골 마을을 구경하고 싶다면 더더욱 놓쳐서는 안 될 여행지다. 불가리아에서 만난 한 여행자가 보여준 근교 사진은 생각보다 근사하고 매혹적이었다. 한때 제국의 수도였던 벨리코타르노브는 이름처럼 우아하고 매혹적인 기품을 뽐내고 있었다.

내게 기네스 맥주를 기꺼이 대접해 준 어니스트는 다음날 벨리코타르노브로 투어를 떠난다고 했다. 나는 그에게 벨리코타르노브의 아름다운

불가리아 소피아에서 묵었던 숙소는 추파춥스 광고로 예쁘게 도배되어 있었다.

풍경 사진을 많이 찍어보라고 말했다. 내가 미처 가지 못한 그곳에, 그는 갔을 것이다. 그가 우연히 만난 동양 여자의 말을 기억하며 사진을 열심히 찍었을지는 알 수 없다. 하지만 어니스트가 그 성벽을 따라 걸으며 사진 찍는 모습을 상상하는 것만으로도 나는 괜히 기분이 좋아진다. 그는 지나가는 곳에서 만난 너무나도 지적이고 멋진 친구였다.

Single Traveler's Route

:: 체코, 헝가리, 세르비아, 불가리아

체코 프라하 IN ➡ 카를슈테인 성 ➡ 카를로비바리 ➡ 체스키 크롬로프 ➡ 헝가리 부다페스트 ➡ 발라톤 호수 ➡ 세르비아 베오그라드 ➡ 불가리아 소피아 ➡ 벨리코타르노보 ➡ 릴라 수도원 ➡ 소피아 ➡ (저가항공 이용)체코 프라하 OUT

※예상 경비 : 2주 170만 원

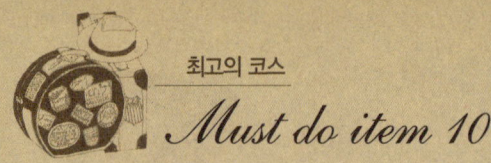

최고의 코스
Must do item 10

#1. 비셰흐라드 호프에서 맥주 마시기

비셰흐라드는 고지대에 위치한 아름다운 성곽 산책로다. 체코인들이 자랑스럽게 여기는 유명인들의 묘지가 있으며, 전망 포인트에서 체코 구석구석을 내려다볼 수 있다. 지하철을 타고 비셰흐라드 역에서 내리면 바로 조용한 산책로가 이어지는데, 구석구석 볼 게 많아 반나절이 훌쩍 지나간다. 관광 안내소에 들르면 지도도 나눠준다. 산책 후 비셰흐라드 야외 펍에서 체코 맥주 한 잔을 즐기는 것도 좋다. 넓은 공터에서 바비큐를 구워 파는 자연주의 펍은 가격도 저렴하고 분위기도 자유분방하다.

#2. 프라하성 야간 산책

프라하성과 프라하 구시가를 잇는 카를교는 체코 야경의 포인트답게 관광객으로 넘쳐난다. 시장 바닥 같은 소란스러움에 기가 질린다면, 프라하 성을 그저 바라보지 말고 야경의 진원지로 힘껏 올라가보길 권한다. 카프카 소설의 한 장면 같은 을씨년스러운 골목길을 헤매볼 수 있다. 야외 테라스를 가진 카페도 있으니 이곳에서 잠시 머물다 가도 좋을 듯하다. 모든 사람들이 넋을 잃고 바라보는 야경 속에 내가 있다는 것만으로도, 새롭고 신선한 느낌을 받을 수 있다.

#3. 돼지족발 요리와 체코 맥주의 매혹 속으로

체코에서 꼭 먹어봐야 할 요리는 한국의 돼지족발 요리와 비슷한 페체네 클로네. 하나를 시키면 두세 사람이 나눠먹을 만큼 양이 넉넉하기 때문에 반드시 파트너를 구해 도전하는 게 좋다. 구시가 곳곳에 페체네 클로네를 파는 레스토랑이 있지만 역시 관광지에선 바가지요금을 부르는 경우가 많다. 관광지를 벗어나면 가격이 놀랄 만큼 싸지니 여윳돈이 부족하다면 중심가를 조금 벗어나 돼지족발 요리를 즐겨보자. 바츨라프 광장에서 파는 소시지 핫도그도 체코의 명물로 꼽힌다.

#4. 헝가리 온천 체험

욕탕의 연기를 뒤집어쓰고 과묵하게 앉아 온천욕을 즐기는 한국인들과 달리, 헝가리 온천 관광객의 표정은 아주 풍부하다. 가족이나 친구들과 함께 웃고 떠들며 온천욕을 즐긴다. 풀장 밖에선 맥주를 마시거나 체스를 두는 사람도 많다. 온천이라기보다 수영장 같은 느낌이 강하다. 사우나 시설도 갖춰져 있고 수영을 할 수 있는 풀도 여럿 있다. 예치금이 있으니 나올 때 돈을 돌려받는 것도 잊지 말 것(3시간 이내에 나와야 돌려받을 수 있다). 바로크 스타일을 좋아한다면 세체니 온천을, 아르누보 스타일의 화려함을 좋아한다면 겔레르트 온천을 추천한다.

#5. 세체니 다리를 넘어 산책 즐기기

부다페스트는 다뉴브 강을 경계로 구시가인 부다 지구와 현대 상업 중심지인 페스트 지구로 나눠져 있다. 구시가와 뉴타운을 연결해 주는 것은 당연히 다뉴브 강에 세워진 아름다운 다리들. 그중 세체니 다리는 헝가리에서 가장 아름다운 다리로 유명하다. 〈글루미 썬데이〉에서 두 남자의 사랑을 받는 일로나가 자전거를 타고 노래를 흥얼거리며 이 다리를 건넜다. 야경 포인트인 '어부의 요새'와 부다 왕궁으로 가려면 세체니 다리를 건너야 한다. 세체니 다리는 부다의 입문과도 같은 곳. 그래서인지 페스트 지구를 구경할 때 세체니 다리 아래쪽으로는 내려가지 않는 관광객이 많다. 하지만 메인 루트를 벗어나 아래쪽으로 내려가면 의외로 멋진 쇼핑가와 레스토랑을 만날 수 있다.

#6. 세르비아 스카라디야 거리에서 점심식사

7개의 국경, 6개의 공화국, 5개의 민족, 4개의 언어, 3개의 종교, 2개의 문자, 1개의 국가로 이루어진 유고슬라비아는 오랫동안 내전으로 시달렸다. 하지만 20세기 말 각각의 독립국으로 갈라진 후, 유고슬라비아의 수도 베오그라드에는 평화가 찾아왔다. 현재 베오그라드에선 내전의 흔적을 거의 찾아보기 어렵다. 베오그라드의 명동과도 같은 스카라디야에 가면 북적대는 사람들의 활기에 사뭇 놀라게 된다. 보헤미안들의 집결지이자 문화의 거리인 스카라디야는 발칸 최대의 번화가다. 이곳에는 분위기 좋은 야외 레스토랑이 즐비한데 가격이 놀랄 만큼 저렴하다.

#7. 켈레메그단 요새 산책

크로아티아어로 '하얀 거리' 라는 뜻의 베오그라드는 진짜 하얀 거리를 어깻죽지에 품고 있다. 기원전 4세기경 켈트인이 세운 하얀 성벽 칼레메그단 요새. 녹지대가 풍부한 공원을 따라 올라가면 오랫동안 베오그라드를 지켜주었던 하얀 요새가 나온다. 이곳에서 내려다보이는 물줄기는 사바 강과 다뉴브 강이 섞이는 분기점이다. 군사시설에 관심이 많은 사람이라면 군사박물관에 가보는 것도 좋다. 켈레메그단 요새 곳곳에 탱크가 전시되어 있다.

#8. 소피아 장터 제스키 바자르에서 풍물기행

레이디스 마켓Lady's Market이라 불리는 소피아 최고의 장터 제스키 바자르에서 불가리아 서민들의 삶을 엿보는 것은 아주 흥미로운 일이다. 불가리아 서민들이 즐겨 먹는 음식 재료부터 누군가 입다 내놓은 중고 의류까지, 없는 것 빼고 있을 건 다 있는 불가리아 최대의 전통 시장이다. 우리나라 시골장터 풍경과 비슷해 정겨운 느낌을 받을 수 있다. 제스키 바자르에서 싸고 좋은 야채를 골라 숙소에서 직접 저녁을 해먹는 것도 괜찮다. 식사 후, 알렉산더 넵스키 사원 앞 벼룩시장에서 기념품을 구입하는 것도 잊지 말자.

#9. 릴라 수도원에서 소박한 하룻밤

불가리아에선 수도사처럼 경건한 하루를 살아볼 수 있다. 소피아 근교 릴라 산맥에 있는 릴라 수도원은 수도사의 방을 숙소로 개방한다. 우리 돈으로 하룻밤에 2만 원밖에 하지 않으니 당일치기로 다녀오기보다 릴라 수도원에서 하룻밤 머물다 가기를 권한다. 물론 2만 원은 소피아 호스텔의 하룻밤 비용보다 조금 비싼 편. 이밖에 불가리아의 아테네로 불리는 고대 도시 벨리코타르노브나 세계 80퍼센트의 장미유를 생산하는 장미의 계곡 카잔루크 등도 추천할 만한 불가리아 근교 여행지다. 모두 버스나 기차를 이용해 쉽게 다녀올 수 있다.

#10. 불가리아 패스추리 바니짜 맛보기

불가리아식 패스추리인 바니짜와 불가리아인들의 장수 비결로 알려진 불가리아 요구르트로 아침식사를 간단히 해결해 보자. 바니짜는 빵집에서, 요구르트는 슈퍼에서 쉽게 구할 수 있다. 간단하지만 영양은 꽤 풍부하다.

〈비자에 관해 알아두어야 할 몇 가지〉

여행 전 외교통상부 사이트(www.0404.go.kr)에 접속해 비자가 필요한 나라를 꼼꼼히 체크해 두자. 사이트에 접속해 '영사민원안내'를 클릭한 후 '세계 각국의 입국허가요건'을 살펴보면 비자에 관한 자세한 내용이 나온다. 동유럽 국가 중 한국인에게 비자를 요구하는 나라는 러시아, 마케도니아, 몰도바, 벨라루스, 아르메니아, 아제르바이잔, 알바니아 등. 세르비아 몬테네그로 및 보스니아 헤르체코비나는 비자 면제국이므로 이들 나라를 여행하거나 경유할 때는 당당히 여권을 제시하면 된다. 혹시 한국에서 비자를 받지 않고 마케도니아, 알바니아 등을 여행한다면 당황하지 말고 인접국가 대사관 및 총영사관에서 비자 수속을 밟으면 된다.

Walkway 7.
눈을 좇는 모험

홋카이도, 오겡키데스카?

눈은 차갑지만, 따뜻하다. 눈의 따뜻함을 알고 지내던 때가 언제였을까?
나는 작고 소박한 눈의 도시에서 잃어버린 내 동심을 찾고 있었다.

··· 〈밀레니엄 맘보〉의 서기처럼 유바리의 골목길을 거닐다

국어사전에 적혀 있는 눈에 관한 설명은 사뭇 명쾌하다. '대기 중의 수증기가 찬 기운을 만나 얼어서 땅 위로 떨어지는 얼음의 결정체.' 모든 눈은 희고 뽀송뽀송하고 차갑다. 36.5도 체온을 유지하는 내 손바닥 안에서 쉽게 녹아 흐른다. 서른여섯 해를 살아오면서 경험 치로 터득한 '눈'에 관한 정의는 별로 대단할 것도, 새로울 것도 없는 육각형의 얼음 결정체였다. 그런데 이상하다. 홋카이도에 처음 도착했을 때 내 어깨 위로 쏟아지는 눈의 감각은 조금 달랐다. 서울의 눈보다 덩어리가 컸지만 왠지 가볍고 따뜻하게 어깻죽지 위로 퍼드덕 내려앉는 느낌. 추운 겨울 내 집 목욕탕에

도야 호수를 보고 돌아오는 길, 역 앞에 눈이 수북이 쌓여 있다.

서 샤워기의 온수 밸브를 꾹 잡아당기면, 홋카이도의 가볍고 따뜻한 눈이 부드럽게 쏟아져내릴 것 같다.

"물기가 적어서 그런 걸 거야. 홋카이도의 눈은 서울의 눈보다 훨씬 건조하고 가볍거든."

홋카이도에 사는 일본인 친구 오노데라는 같은 듯 다른 느낌의 눈을 만지며 고개를 갸웃거리는 내게 아주 과학적인 정보를 제공해 주었다. 그렇구나. 세상의 모든 눈은 같지 않구나. 나는 친구의 설명을 듣고서야 서울의 눈과 캐나다의 눈, 홋카이도의 눈이 모두 같지 않다는 사실을 처음으로 알아차렸다. 홋카이도가 사람 키 절반만한 눈으로 무겁게 덮여 있으면서도 눈 속에 가라앉지 않고 눈과 함께 봉긋하게 솟아오른 느낌을 주는 이유가 바로 이것 때문이리라.

마침 홋카이도의 작은 도시 유바리에선 영화제가 열리고 있었다. 나는 유바리영화제 한국어 통역관으로 일하는 일본 친구와 만나 근처를 여행하기로 약속했다. 초청장 따위는 없었다. 영화제에 갈 때마다 열심히 지참하고 다녔던 프레스 카드도 애써 신청하지 않았다. 나는 그저 그곳에 무턱대고 가고 싶었다. 언제가 유바리에 꼭 가야겠다고 결심했던 이유는 이곳에서 영화제가 열리기 때문도, 그 영화제가 지구 곳곳에서 열리는 수백 개의 크고 작은 영화제들과 뭔가 달라 보였기 때문도 결코 아니었다.

무거운 주제를 주로 다루는 허우 샤오시엔 감독이 쉼표를 찍듯 만든 멜로영화 〈밀레니엄 맘보〉에서 머리카락을 길게 풀어헤친 서기는 유바리의 골목길을 정처 없이 걸어다녔다. 눈이 흩날리는 도시에는 오래된 영화 포스터들이 운치 있게 걸려 있었고 사람의 자취는 거의 없었다. 눈이 소담스럽게 내려왔다. 아주 조용한 눈의 도시를 걷는 것은 어떤 느낌일까. 규모의 경제학을 자랑하는 칸이나 베니스, 부산영화제의 시끌벅적함에 취해 있던 나는, 이 소박한 아름다움의 기원을 찾고 싶었다. 그 마을에 사는 사람들을 만나고 싶었다.

⋯친절한 유바리 응원단

나는 그동안 일본의 거리를 걸어다니는 것이 가끔은 즐겁고 가끔은 답답했다. 늦은 아침, 눈곱도 떼지 않고 파자마 차림으로 호텔 근처를 어슬렁거려도 아무도 날 쳐다보는 사람이 없다는 것. 익명의 섬에 갇히고 싶을 땐 이 사실이 너무 매력적으로 다가온다. 하지만 가끔 나는 이 나라 사람들이 나를 보지 않으려고 애써 눈동자를 돌리는 것을 목격할 때가 있다. '내가 못생겨서 그러나? 보기 싫을 만큼 이상한가?' 가만히 보면, 그들 모두가 서로에게 그렇게 하고 있다. 다른 사람들이 불편해할까봐 서로를 보지 않으려 애써 시선을 돌리고, 할 수 없이 책을 읽는다.

우리나라에서 낯선 사람들의 얼굴을 카메라에 담고 있으면 여지없이 '사생활 침해'라는 경고 한 방을 먹게 되지만, 일본 사람들은 아무 말 없이 슬쩍 유리창 너머로 숨어버린다. 너 왜 내 사진을 찍고 있니, 핀잔조차 주지 않는다. 그런 그들이, 그렇게 숫기 없고 수줍어서 오히려 인간미가 없게 느껴졌던 그들이, 처음으로 따뜻하게 느껴진 건 유바리 응원단을 만나고 난 후였다.

유바리 응원단은 아주 귀엽고 재미있는 단체다. 우리나라로 치면 동네 반상회 같은 모임. 자기 동네에 찾아온 손님을 극진히 대접하고 싶다는 소박한 생각으로 모여서 손수 데일리 신문을 만들고 타지 사람들의 길 안내를 돕고 영화제 곳곳에 예쁜 얼음조각을 세운다. 대부분 나이 지긋한 아줌마들이다. 내가 이 소박한 눈의 도시를 어슬렁거리고 있을 때, 나보다 먼저 내게 눈을 맞추며 반갑게 말을 걸어온 사람도 바로 이 유바리 응원단이었다. "안녕~하, 세요!" 떠듬거리는 한국어가 들려왔다. 길거리에서 먼저 내게 인사하는 일본인을 만난 건 드문 일이라 나는 그들보다 길게 눈을 맞추고 더 크게 웃어주었다.

···70년대 세트장에서 눈의 온기를 느끼다

오래전 역동적인 한때를 보냈던 탄광의 도시 유바리가 광산 문을 하나둘 닫기 시작했을 때, 유바리 시장은 이 도시를 '영화의 도시'로 만들겠다는 엉뚱한 공약을 내놓았다. 시장은 유바리의 시골 거리에 수많은 영화 포스터를 내걸었고, 그것은 홋카이도의 하얀 눈과 제법 잘 어울렸다. 유바리 영화제는 그렇게 탄생했고, 동네 사람들의 응원과 노력으로 온기를 지펴가고 있었다. 밥을 먹다가 우연히 집어든 유바리 지역 신문에는 '어젯밤 영화제 세미나에 무려 400명이나 되는 사람들이 모였다' 는 뉴스가 실렸다. 4만 명도, 4천 명도 아닌 겨우 400명. 매년 칸영화제를 취재하겠다고 달려드는 기자만 해도 2만 명이 넘는데, 유바리는 단지 400명의 사람이 모였다는 것에 흥분하고 감격해했다. 귀엽고 깜찍하다. 유바리는 '국제' 영화제가 아니라 분명 '동네' 영화제 같은 규모다.

식당 서너 개, 카페 두어 개, 이자카야 두세 개가 고작인 이 작은 마을은, 이미 오래전에 종영된 70년대 세트장처럼 낡고 허름하다. 폐장된 지 몇 십 년이 지난 유원지에 억지로 불을 켜고 마지막 폭죽을 쏘아대는 느낌이랄까. 하지만 나루세 미키오 영화가 만들어진 시절에나 유행했을 법한 다방(카페가 아니라 분명 다방이다)에 앉아 차를 마시고, 좌석이 대여섯 개뿐인 작은 식당에서 카레 우동을 후루룩거리는 기분도 영 나쁘지는 않다. 아니, 오히려 즐겁고 신난다. 소박한 아름다움의 기원이 내가 앉아 있는 이 낡은 의자에서 나오는 것은 아닐까 엉덩이가 자꾸 들썩여진다.

술집에 가면 옆 자리에 앉은 사람들이 모두 감독이고 배우다. 내일 어느 극장에서 우리 영화가 상영될 예정이니 꼭 보러 오라며 명함과 팸플릿을 내밀고 큼지막한 미소를 보내준다. 나는 그 약속을 지키기 위해 무릎까지 쌓인 눈을 꾹꾹 눌러 밟으며 아침 일찍 상영관으로 향했다. 엊저녁 술집에서 만났던 감독과 배우가 내 옆 자리에 앉아 함께 영화를 보고 있었다.

유바리에선 하루 네다섯 편의 영화를 챙겨보는 짓 따위는 하지 않기로 했다. 마을을 걸어다니는 게 영화 보는 일보다 훨씬 즐겁게 느껴졌기 때문이다. 사실 유바리에서 산책을 한다는 것은 생각보다 에너지가 많이 필요한 일이다. 눈길은 미끄럽고 질척거린다. 청바지 밑단이 물기에 젖어 금세 너덜너덜해진다. 그래서 홋카이도 사람들은 아주 이상한 고무장화를 신고 거리를 활보한다. 원양어선을 탄 어부처럼. 서울에서 신고 간 부츠가 이 질펀한 눈밭에선 무용지물이라는 사실을 알게 되었을 때, 친구는 내게 자신의 고무장화를 흔쾌히 빌려주었다. 나는 홋카이도에서 내내 이 알록달록하고 오묘한 고무장화를 신고 다녔다. 마징가 제트가 된 것처럼 발이 무겁고 어색하게 뻗어 올라갔다.

한국 사람들에게 유바리는 어쩌면 그 어떤 시간의 세례로도 쉽게 쓸려 보낼 수 없는 설움의 고장인지도 몰랐다. 일제시대, 건장한 조선 청년들은 자신의 의지와 상관없이 유바리로 징용을 나와 어두운 탄광 속에 갇혔다. 해를 볼 수 없는 지하 밑바닥 어디쯤에서 그들은 한국에 두고 온 가족과 못 다 이룬 꿈과 사랑을 그리워했을 것이다. 나는 이 어두운 강제 징용의 역사를 모른 채 유바리에 왔다. 탄광촌 근처에는 끝내 고향에 가지 못하고 숨을 거둔 한국인들의 유골이 묻혀 있을 거라고 했다. 가슴이 저릿했다. 내게 유바리는 그저 영화제의 고장이고, 주황색 멜론 아이스크림을 먹을 수 있는 곳이고, 한적한 스키장의 도시, 뜨거운 온천욕을 즐길 수 있는 도시였지만, 그들에게 유바리는 어두운 탄광의 도시였고, 발가락 시린 눈이 지겹도록 쏟아지는 도시, 고향의 온기를 느낄 수 없는 차가운 유배지였을 것이다.

···행복의 노란 손수건

일본 사람들에게 유바리는 '노란 손수건'의 도시로 기억되는 것 같았다. 일본 사람들이 아주 좋아하는 영화 중에 〈행복의 노란 손수건〉이라는 휴먼 드라마가 있다. 48편까지 만들어진 히트 시리즈 〈남자는 괴로워〉의 야마다 요지 감독이 1977년에 만든 멜로영화다. 『뉴욕 포스트』지에 실린

영화제의 도시로 유명한 유바리 거리에는 고전영화 포스터가 즐비하다. 하얀 눈과 제법 잘 어울리는 포스터다.

칼럼에서 시작되어 노래로, 책으로 번져간 노란 손수건의 이야기는 아주 낭만적인 재회의 한 장면을 포착한다. 이것은 교도소 출소를 며칠 앞둔 한 남자의 제안에서 비롯된다. 남자는 아내에게 편지를 보낸다. "나를 용서하고 받아들여준다면 우리 집 앞에 있는 참나무에 노란 손수건을 매어주세요. 손수건이 없다면 나는 당신이 날 받아들일 수 없다는 뜻으로 알고 그냥 떠나겠어요." 남자가 집 앞을 지날 때 참나무는 어떻게 되어 있었을까? 노란 손수건이 하나도 아니고 수십 개나 나무 한 가득 매어져 있었다. 그것은 환영의 인사였고, 재회의 눈물이었다.

나는 노란 손수건이 매달려 있는 참나무 오두막에 가기로 했다. 영원히 변치 않는 사랑의 징표였던 참나무와 낡은 오두막집은 이제 텅 빈 주막처럼 썰렁하다. 누군가 남기고 간 노란색 메모지들만 네 벽에 덕지덕지 붙어 있다. 나는 70년대 중반에 만들어진 영화의 세트장을 아직도 누군가가 둘러보고 간다는 것이 조금 신기해서 세트장 곳곳에 묻어 있는 사람들의 손때를 오래 들여다보았다. 30여 년의 세월이, 그들이 남기고 간 사랑의 언약들이 예쁘게 곰삭아 있었다. 세월의 때를 묻혀볼 겨를도 없이 무너지는 우리나라 세트장들이 생각났다. 주산지에 세워둔 〈봄여름가을겨울 그리고 봄〉의 세트가 촬영 후 단박에 부서졌다는 사실을 생각하니, 괜히 섭섭하고 화가 치밀었다. 이 영화를 본 외국 친구들은 항상 내게 '물 위의 절'에 가고 싶다고 말했다. 나는 아무 데도 데려갈 수 없었다. 이제 그곳은 영화 속에서나 볼 수 있는 전설의 고장이 되어버렸으니까.

재미있는 것은 세트장을 구경하고 유바리에 돌아왔을 때 길거리에서 만난 한 아저씨가 비닐 포장도 뜯지 않은 행복의 노란 손수건을 내게 선물로 주었다는 사실이다. 나는 그 남자에게 '방금 〈행복의 노란 손수건〉 세트장에 다녀오는 길'이라는 말을 전혀 하지 않았다. 일면식도 없었고 대화도 나누지 않은 낯선 사람이 우연히 건네준 선물. 나는 어두운 주차장에서 내 손에 뭔가를 건네는 남자를 조금은 두려운 눈길로 쳐다봤다. 그런데 내 손에 건네진 것은 뜻밖에도 '행복'이라는 두 글자가 새겨진 노란 손수건이었다. 남자는 말했다. "노란 손수건을 받으면 행복이 이루어진다는 전설이 있어요." 행복을 손에 쥔 나는 가슴이 벌렁거렸다. 홋카이도에선 뭔가 좋은 일이 생길 것 같은 예감이 들었다.

…삿포로에서 나는 노처녀가 아닌 보통 여자

유바리에 비하면 삿포로는 훨씬 세련되고 번화하고 역동적인 도시다. TV 탑을 기점으로 길쭉하게 뻗어 있는 오도리 공원과 양 옆으로 줄 맞춰 늘어서 있는 도로들은, 이곳이 사람들 손에서 제멋대로 형성된 도시가 아니라 국가적 차원에서 계획, 발전된 도시임을 짐작케 한다.

일본 국토의 22퍼센트에 달하는 드넓은 홋카이도 땅이 개척된 것은 19세기 무렵. 이곳에는 원래 '아이누'라는 이름의 원시 부족이 살고 있었는데, 에도막부는 홋카이도를 개발하겠다는 미명 아래 그들을 몰아내고 본토 사람들을 마구 밀어넣었다. 넓은 땅에서 평화롭게 살고 있던 아이누 족은 미국의 인디언처럼 박해받고 몰살당했다. 홋카이도는 '개척의 도시'로 아름답게 가꿔졌다.

나는 이미 취해 있었다. 손이 자꾸 흔들린다.
아사히카와의 조그만 이자카야에서 마신 뜨거운 사케 때문이다.

개척의 땅은 항상 가슴 아픈 역사를 안고 있기 마련이다. 홋카이도에선 가문의 역사를 묻지 말라는 말이 있다. 본토에서 홋카이도로 옮겨온 사람들은 대부분 뭔가 말 못할 사정을 가진 사람들이 많다. 하긴, 도시로 돈 벌러 나온 것이 아닌 이상 고향에서 멀리 떠나올 때는 나름의 아픔과 설움을 갖고 있는 경우가 많을 것이다. 나는 홋카이도에서 태어나고 자란 오노데라에게도 절대 가문의 역사를 물어서는 안 되겠다고 다짐했다.

오노데라는 일본 고등학교와 대학교, 문화센터에서 한국어를 가르치는 한국어 선생님이다. 한국어를 능숙하게 구사하는 그녀는 홋카이도를 여행하기 전 내게 한 가지 부탁을 해왔다. 자신의 수업에 게스트로 참가해달라는 것이다. 나는 그들 입장에서 보면 한국어 네이티브 스피커였다. 내가 한국어로 아무 이야기나 떠들어대도 학생들이 아주 좋아할 거라고 말했다. 똑똑한 발음을 구사하는 한국인인지는 자신할 수 없지만, 나도 내심 그들을 만나고 싶었다. 그들은 대부분 한류 문화에 푹 빠져 있는 일본 여성들. 드디어 나는 한류의 실체를 만나게 된 셈이다. 오노데라 덕분에 일본 여성들과 속 깊은 대화를 나누면서, 나는 일본 여성들이 얼굴만 우리와 비슷할 뿐 생각은 많이 다른 사람들이라는 것을 알게 되었다. 대화는 흥미로웠다.

처음엔 그들이 주도권을 잡았다. 배용준, 권상우, 이병헌 같은 한류 스타들과 인터뷰를 해본 적이 있다는 사실 하나만으로도, 나는 그들에게 퍽 매력적인 사람이 되어 있었다. 누구누구를 본 적이 있느냐, 실제로 그는 어떤 사람이냐 같은 사소한 질문이 이어졌다. 질문은 다양했다. 그중 흥미로운 질문은 이런 것이다. 한창 〈내 이름은 김삼순〉에 빠져 있던 여자가 물었다. "김삼순의 나이가 겨우 서른 살밖에 안 되었는데, 왜 노처녀라고 놀림을 받는 거죠? 노처녀라는 개념이 도대체 뭐예요?"

대화는 급반전되었다. 내가 그들에게 질문을 던졌다. "일본에선 결혼 적령기가 언제인가요?" 결혼 적령기 따위는 없다는 답이 돌아왔다. 결혼은 아무 때나 결혼하고 싶은 사람을 만나면 하는 것이지 나이가 찼기 때문에 '해야 하는' 당위성은 아니라고 했다. 정답이다. 하지만 나는 그동안 한국에서 낯선 사람들을 만날 때마다 같은 질문을 반복해서 들었다. "왜 결혼하지 않는 거죠?" "그렇게 살면 좋아요?" 약간의 부정적인 뉘앙스를 동반한 질문이었다. 일본에선 내가 오히려 이상한 질문을 던지는 사람이 되어 있었다. 나이 지긋한 아주머니들에게 물어보았다. "혹시 당신 자식이 마흔이 넘도록 결혼하지 않는다면, 어떨 것 같아요?" 그녀가 내 질문이 이상하다는 듯 되물었다. "그게 무슨 상관이죠? 행복한 게 중요하지 결혼을 하느냐 마느냐 중요한 게 아니잖아요."

수업이 끝난 뒤 오노데라가 귀띔해 준 바에 의하면 클래스에 있는 나이 지긋한 여자들 중에 결혼을 하지 않은 싱글이 아주 많다고 했다. 한국에선 나이가 있으면 무조건 아줌마 취급을 하기 일쑤지만, 일본에서 그랬다간 뺨 맞기 십상이다. 나이에 얽매이지 않고 사는 사람들. 한국에선 조금 유별나게 산다고 놀림 받던 나는, 그들 틈에서 지극히 평범한 보통 여자가 되어 있었다.

···여행자의 이중생활

나는 그들과의 대화가 의외로 재미있어서 삿포로에 머무는 동안 매일 낮에는 여행을 하고 밤에는 게스트로 참석하는 이중생활을 반복했다. 오노데라는 홋카이도 신문사에서 일하는 여기자를 소개해 주며 비슷한 업종에서 일하는 사람끼리 허심탄회한 이야기를 나눠보라고 했다. 무라타 상은 40세 중반의 싱글 여성이다. 홋카이도 신문은 우리가 흔히 생각하는 지방지가 아니었다. 우리나라는 3대 일간지만 정론의 중심에 있다고 뻐기지만, 일본에선 지방지의 힘도 무시할 수 없다. 홋카이도 신문은 발행부수가 무려 120만 부 이상 되고, 홋카이도 사람의 3분의 1이 소소한 지역 뉴스가 담긴 이 홋카이도 신문을 읽는다. 홋카이도 신문의 시스템을 설명해 주는 무라타 상의 얼굴에선 묘한 자신감이 흘러나왔다.

이야기를 나누다 보니, 일본 여성들은 한국 남성들의 낭만적인 모습에 흠뻑 빠져 있는 것 같았다. 그들이 한국 드라마를 보며 가슴 설레어하는 이유는, 일본 남자들이 절대 해주지 않는 낯간지러운 짓들을 한국 남자들이 아무렇지 않게 해주기 때문이라고 했다. 일본 남자는 추위에 떨고 있는 여자친구에게 옷을 벗어주는 일도, 무거운 가방을 들어주는 일도 하지 않는다. 먼저 사랑 고백을 하는 일도 흔치 않다고 했다. "정말? 그렇다면 당신은 어떻게 남편과 결혼하게 된 거죠? 프러포즈는 어떻게 했나요?" 한 일본 여성이 일본인들의 애정 표현 방법을 설명해 주었다.

"마음에 들면 여러 사람들과 같이 술을 마시거나 차를 마시는 자리에서 끝까지 남아 있어요. 둘만 남을 때까지. 그러면서 자연스럽게 애정을

北海道は
サッポロビール

아사히카와 라멘촌 입구. 어느 가게에서 어떤 라멘을 먹어야 할지, 고민스럽다.

확인하는 거죠. 그 이상의 낯간지러운 프러포즈는 거의 안 해요."

실제로 모든 일본 사람들이 이런 식으로 연애를 하는지는 잘 모르겠지만, 어쨌든 일본 남자의 수줍음은 세계 최고 수준이 확실했다.

드라마에서 보면 한국 남자들은 여자들을 자주 업고 다닌다. 다리 멀쩡한 여성이 남자 등에 업혀 걸어가는 장면은 그들에게 퍽 신기하게 느껴지는 모양이다. "실제로도 한국 남자들은 여자를 이렇게 자주 업어주나요?" 생각해 보니, 그런 것 같다. 이건 우리나라만의 독특한 문화다. 폐백을 할 때 사모관대를 입은 신랑이 족두리를 쓴 신부를 등에 업고 덩실덩실한 바퀴를 도는 게 우리 나라 결혼 풍습이니까. 한국 남자는 사랑의 징표로, 널 끝까지 보호해 주겠다는 표시로 여자를 자주 등에 업는다. 이것이 한국만의 독특한 문화라는 사실을 나는 그들의 질문을 통해 처음으로 깨달았다.

…홋카이도는 동양의 유럽이다!

12월 말부터 4월 중순까지 눈이 줄기차게 내리는 도시. 얌전하게 떨어지는 눈이 아니라 사방팔방으로 흩뿌리는 눈을 1년에 절반가량 맞고 사는 사람들은 분명 속으로 움츠러든 마음을 갖고 있을 거라고 생각했다. 하지만 의외로 홋카이도 사람들은 마음이 넓고 호탕했다. 혈연이나 지연에 얽매이지 않기 때문에 편견 없이 세상을, 사람을 받아들이고 있다. 그들의 사고방식은 이미 오래전에 서구화되었다.

홋카이도는 사실 겉보기에도 서구적인 느낌이 강한 도시다. 홋카이도의 특산물은 치즈와 와인이고, 그들이 즐겨먹는 음식은 풍부한 해산물과 양고기다. 에도막부는 이곳을 처음 개척했을 때, 유럽식 목축을 적극 권장했다고 한다. 홋카이도 사람들은 양과 소를 키우고 밀을 가꾸며 자연스럽게 유럽식 식생활에 젖어들었다.

처음 삿포로에 도착했을 때 나는 이 도시를 감싸고 있는 다분히 유럽적인 분위기의 근원을 간파하지 못했다. 하지만 오타루와 후라노에 도착하자 확신이 굳어졌다. "홋카이도는 동양의 유럽이다!" 그 느낌은 남부 하코다테에 이르렀을 때 절정에 달했다. 하코다테는 요코하마와 더불어 일본에서 최초로 서양 함선에 관문을 열어준 도시다.

메이지유신 시절, 개방의 효용가치를 이해하지 못했던 사무라이들은 이곳에서 "서양문물을 받아들일 수 없다"며 마지막까지 싸웠다. 사무라이의 결기와는 상관없이 결국 항구는 열렸고, 하코다테는 서구 문명을 그 어떤 곳보다 빨리 흡수하는 도시가 되었다. 삿포로처럼 계획도시인 하코다테는 위도가 같은 미국의 보스턴 분위기를 고스란히 옮겨왔다. 바다로 길게 나 있는 언덕길에서 내려다보면 하코다테는 영락없이 세련된 보스턴이고, 낭만적인 샌프란시스코다. 하코다테의 자랑거리인 야경 전망대 입장권을 끊어놓고 '마을을 천천히 산책하다 보니, 도시 곳곳에 세워진 건물들도 대부분 서양식이다. 간간히 눈에 띄는 신사만이 이곳이 우리나라와 어깨를 마주하고 있는 일본이라는 사실을 조용히 상기시켜 준다.

하코다테는 '낭만'이라는 두 글자를 빼면 아무것도 설명할 수 없는, 우주 위에 흩뿌려진 은하수 같은 도시다. 하코다테 산 정상에서 이 도시를

야생온천에 몸을 담근 뒤 시코츠코 호수를 돌아보았다.
화산호수는 빨려들 것처럼 깊고 아득하다.

바라보고 있으면, 옆으로 1.5배쯤 퍼진 한반도를 닮은 불빛 무더기들이 검은 어둠을 뚫고 작렬하는 모습이 보인다. 길은 바다를 향해 길게 뻗어 있고, 부둣가에선 매일 밤 낭만적인 불꽃이 터져오른다. 삑삑 소리를 내며 달리는 전차조차도 낭만을 돋우기 위해 설치된 기념품처럼 귀엽고 앙증맞다. 항구에 늘어서 있는 빨간 기와 창고는 노란 전등불을 내뿜으며 따뜻하게 반짝거리고 있다. 성냥팔이 소녀가 시린 손가락을 호호 불며 오랫동안 훔쳐봤을 법한 따뜻한 실내등이다. 불꽃놀이를 좋아하는 일본인답게 저녁 8시가 되면 하코다테의 하늘에는 화려한 불꽃이 수놓아진다. 이자카야에선 술이 데워지고, 예약해 놓은 료칸의 온천에선 김이 모락모락 피어오를 시간이다.

···노천 온천에서 생긴 일

그날 밤 나는 하코다테 바다가 훤히 내려다보이는 노천 온천에서 길고 신중한 목욕을 즐겼다. 내 손끝에서 검은 어둠을 품은 바다가 만져졌다. 오래전 서양 함대는 이 동양의 작은 부둣가에 신기한 보물 보따리를 잔뜩 풀어놓았을 것이다. 사람들이 북적대는 모습이 보이는 것 같다. 상상만으로도 기분이 묘해진다. 유바리의 온천이 바위로, 노보리베츠의 온천이 계곡으로 둘러싸여 있다면, 하코다테의 온천은 사방이 바다고 넓은 은하수다. 나는 밤바다에 홀로 떠 있는 외로운 돛단배처럼, 뜨거운 물 위에 내 몸을 붕붕 띄워보았다. 물결이 찰박거리며 둥글게 흩어졌다.

다다미방에는 유카타가 예쁘게 접혀 있었다. 나는 호텔 로비에서 나눠

주는 조금 특별한 유카타를 입고 두 번째 온천장으로 걸어갔다. 온천장까지 가려면 대낮처럼 환한 로비와 우아한 객실 복도를 10분가량 걸어가야 한다. 이거 너무 쑥스러운 짓 아닌가, 싶기도 하지만 나만 어색해하고 있을 뿐 다른 투숙객들은 아무렇지 않게 가운이나 다름없는 유카타를 입고 종종걸음으로 이 길을 지나간다. 나도 아무렇지 않게 유카타를 입고 이 길을 걷는다. 누가 쳐다볼까봐 고개를 돌리는 짓도 하지 않는다. 오히려 좀 더 자연미가 살아 있는 온천은 없느냐고 뻔뻔하게 되묻는다.

"일본에는 남녀 혼탕도 있다고 하던데?" 사실은 들어갈 용기도 없으면서 호기심에 질문을 던지자 "젊은 여자들은 남녀 혼탕을 쑥스러워하지만, 이렇게 좋은 곳에 와서 그냥 돌아가는 건 용기 없는 일이라고 생각하기 때문에 그냥 들어간다"는 답이 돌아왔다. 서른여섯 해를 줄곧 한국 땅에서 살아온 나는, 낯선 사람들 앞에서 옷을 벗는 게 용기와 결단의 문제라는 사실이 조금 의아해서 고개를 갸웃거렸다.

의도하진 않았는데, 며칠 후 나는 진짜로 남녀 욕탕의 구분이 명확하지 않은 온천에 가게 되었다. 삿포로 근교 시코츠코 호숫가에는 100년이 넘은 전통 온천이 하나 있다. 가는 길도 아름답고 산길에 오붓하게 서 있는 온천장의 풍경도 예사롭지 않아서 목욕을 즐기는 내내 얼굴 근육이 부드럽게 씰룩거렸다. 욕탕은 시코츠코 호수와 면해 있어 어디부터가 온천이고 어디부터가 호수인지 도무지 분간하기 어렵다. 맨몸으로 뜨거운 바다에 몸을 담그고 호수를 바라보는 기분은 한마디로 끝내준다. 하지만 문제는 그곳으로 걸어가는 길에 발생했다.

현대식 온천욕을 마치고 전통의 노천 온천으로 가기 위해 미닫이문을 열어젖혔다. 나무로 얼기설기 만들어진 통로가 노천 온천을 향해 길게 이어져 있었다. 나는 허리를 꼿꼿이 세우고 그 길을 걸어 돌과 나무로만 이루어진 야생의 온천에 몸을 담갔다. 이렇게 멋진 곳이 있다니! 야호, 만세! 그런데 돌아오는 길에 옆 통로를 흘깃 훔쳐보니 벌거벗은 남자들이 지나다니는 모습이 보이는 게 아닌가. 내가 그들을 볼 수 있다면, 그들도 나를 볼 수 있는 것이다. 갑자기 등줄기에 식은땀이 흘러내렸다. 나는 무릎을 낮게 구부리고 힘겹게 나무 통로를 기어 나왔다. 낯선 남자에게 몸을 들킨 기분은, 뭐랄까, 아무 느낌도 없었다. 용기와 결단을 내리기도 전에 이미 그 문화를 체험해 버렸다는 실망감이 강하게 엄습했을 뿐.

···눈꽃이 연주되는 밤

삿포로 근교에는 온천 외에도 둘러볼 만한 곳이 많다. 오노데라와 나는 연극 마니아로, 대학로에서 연극을 보다가 만나 친해진 사이다. 내 취향을 알고 있는 오노데라가 나를 삿포로 근교에 있는 연극인 마을로 데려갔다. "이곳은 웬만한 관광객들은 잘 찾아가지 않는 곳이야."

『빙점』의 무대로 유명한 비에이 강 근처에는 구라모토 소오가 만든 멋진 연극공장이 하나 세워져 있었다. 오노데라는 가끔 이곳에서 극단이 준비한 연극을 챙겨본다고 했다. 아쉽게도 내가 찾아간 날 극단은 연극을 무대에 올리지 않았다. 나는 연극 대신 극단 근처에 있는 일본화의 거장 고토 스미오의 갤러리에 들려 눈 내리는 들판을 바라보며 명란 파스타를 먹

고 그림을 감상했다. 우키요에와는 또 다른 맛이 나는 고토 스미오의 그림들은 지극히 화려하고 아름다웠다.

그날 밤 우리는 치즈와 와인 산지로 유명한 후라노 근처 '호오즈키' 펜션에서 하룻밤을 보냈다. 펜션 주인아주머니는 우리가 짐을 풀자 근처 온천장의 쿠폰을 건네주었다. 일본의 펜션은 료칸의 현대 버전 같은 곳으로, 잠잘 곳만 제공하는 것이 아니라 아침과 저녁을 모두 정성껏 차려낸다. 펜션이 유명해지기 위해선 주인장의 음식 솜씨가 무엇보다 좋아야 하는 셈이다. 호오즈키는 오노데라가 홋카이도에서 가장 아끼는 보물장소답게 음식 맛이 끝내주는 펜션이다. 오노데라는 친한 사람들이 오면 꼭 이곳에 데려가지만, 너무 많이 알려지는 것은 원치 않기 때문에 꼭꼭 숨겨두고 싶다고 말했다. 사람들이 많이 찾아오면 호오즈키의 한적한 느낌이 사라질까봐 염려스러운 모양이다.

실제로 음식은 오노데라가 이야기한 대로 일본에서 맛본 그 어떤 것보다 맛있고 깔끔했다. 식당을 감싸고 있는 통유리 창에는 밤새 〈눈꽃〉이라고 이름 붙이고 싶은 영화가 한 편 상영되고 있었다. 검은 어둠 사이로 눈이 빗발치듯 쏟아져내렸다. 우리는 아름다운 눈꽃을 바라보며 온천 근처에서 사가지고 간 후라노 와인을 깨끗하게 비웠다. '눈의 왈츠'라고 이름 붙여도 좋은 눈꽃 축제가, 오직 우리를 위해 연주되고 있었다. 아름답다는 것의 의미를 알고 있다고 생각했는데, 사실은 모르고 있었다는 것을 그곳에서 문득 깨달았다. 사십 평생 지겹도록 그 눈을 보고 자랐을 오노데라도 내 감흥에 빨려들어 함께 탄성을 지르며 감격해했다.

"정말 예쁘다! 마치 우주에 와 있는 느낌이야. 홋카이도의 눈이 이렇게 아름다운 줄 나도 몰랐네." 우리는 우주 한복판에 앉아 무더기로 쏟아지는 별을 바라보고 있었다. 지나치게 감상적인 표현이지만, 그것 말고 달리 그날의 눈에 대해 표현할 방법을 찾지 못했다.

Single Traveler's Route

:: 홋카이도

홋카이도 하코다테 IN ➡ 오누마 공원 ➡ 도야 or 노보리베츠 온천 ➡ 삿포로 ➡ 유바리 ➡ 오타루 ➡ 후라노, 비에이 ➡ 아사히카와 ➡ 삿포로 ➡ 시코츠코 호수 ➡ 삿포로 신치토세 공항 OUT

※ 예상 경비 : 10일 150만 원

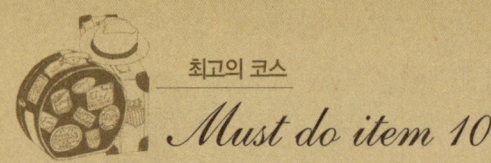

최고의 코스

Must do item 10

#1. 정통 료칸과 펜션에서 '맛있는' 여행 즐기기

일본의 료칸과 펜션은 우리나라와 개념이 조금 다르다. 잠자리뿐 아니라 맛있는 식사를 함께 제공한다. 돈이 아깝지 않은 멋진 코스 요리를 차려내는 경우가 많으니 일본을 여행할 때는 호텔 대신 료칸이나 펜션에서 하룻밤 묵어보는 것도 괜찮다. 노보리베츠나 도야에선 전통 료칸 체험을, 비에이에선 펜션 체험을 권한다. 내가 묵었던 비에이 호오즈키 펜션은 음식 맛이 기가 막히게 좋았다. 아침, 저녁 포함 1박 1인 기준 7만 5천 엔. 일본어 사이트라 조금 불편하긴 하지만, 공식 홈페이지 www.biei-hozuki.jp에서 호오즈키 펜션 정보를 확인할 수 있다.

#2. 고토 스미오 갤러리에서 명란 파스타 먹기

고토 스미오는 일본화의 대가로 널리 알려진 인물. 후라노 비에이 강변에 자리잡은 고토 스미오 갤러리에는 그의 작품이 다수 전시되어 있다. 이곳에서 고토 스미오의 화려한 일본화를 즐긴 후 갤러리 2층에 있는 이탈리아 레스토랑에서 명란 파스타를 즐겨보자. 빈 언덕에 홀로 서 있는 고토 스미오 갤러리에 앉아 통유리 창 너머를 바라보며 음식을 즐기는 것은 매력적인 경험이다. 근처에 후라노 연극공장(후라노 엔게키고조)이 있으니, 이곳에서 일본의 소극장 공연을 한 편 즐기는 것도 괜찮다. 후라노 연극공장은 반농업, 반예술을 지향하는 자급자족 집단으로, 부정기적으로 작은 공연을 무대에 올린다. 이들이 운영하는 연극무대가 고토 스미오 갤러리 근처에 있다.

#3. 아사히야마 동물원에서 펭귄과 함께 산책

아사히카와 시내에 있는 아사히야마 동물원은 단순한 어린이용 동물원이 아니다. 어른이 보기에도 충분히 즐겁고 흥미로운 전시가 알차게 마련되어 있다. 북극곰과 바다표범, 펭귄의 모습을 입체적으로 볼 수 있는 아사히야마 동물원의 전시 방법은, 일명 행동전시라고 불린다. 야외에선 언뜻 너구리처럼 보이는 펭귄이 물 밑에선 새나 물고기처럼 보인다는 사실을 '발견'할 수 있다. 겨울에는 펭귄들의 산책 시간이 마련되어 펭귄들이 아장아장 걷는 모습을 아주 가까이서 지켜볼 수 있다.

#4. 홋카이도 궁극의 라멘 정복하기

홋카이도는 일본 전역에서 알아주는 라멘의 본고장이다. 홋카이도에 왔으면 당연히 다양한 라멘을 맛봐야 하는 법. 삿포로에선 스스키노나 삿포로역 근처의 라멘 공화국에서, 아사히카와에선 라멘 마을(라멘초)에서 제대로 된 홋카이도 라멘을 즐길 수 있다. 일본의 라멘 마을에선 라면 신사까지 마련해 '라면의 신'을 모신다. 홋카이도 라멘은 추운 지방의 음식답게 짜고 느끼한 것이 특징. 된장, 소금, 간장 세 가지 양념을 기본으로 돼지 뼈를 우려낸 국물을 주로 사용한다.

#5. 하코다테 새벽시장 즐기기

하코다테에선 부지런을 좀 떨어야 한다. 하코다테 새벽시장을 제대로 구경하려면 최소한 7시 전에는 일어나야 하기 때문. 연어알과 성게알, 게살이 고루 들어간 해산물 덮밥과 오징어를 가늘게 썬 이까 국수로 아침을 해결한 후, 오징어 먹물 아이스크림으로 입가심을 하면 하코다테 새벽시장 코스 요리 완성. 곳곳에 대게 요리 시식 코너가 있으니 돈 없고 배고픈 배낭여행자는 시식으로 대게의 참맛을 즐겨보는 것도 괜찮다. 이곳에선 해산물을 싸게 구입할 수 있다. 일본 젓갈과 마른 오징어로 만든 이까 도쿠리와 사케잔은 선물용으로 좋다.

#6. 삿포로 맥주원에서 저렴한 맥주 파티

삿포로 맥주원을 방문해 일본 맥주의 기원을 더듬어 보자. 친절한 안내원이 삿포로 맥주의 역사를 자세히 설명해 준다. 워낙 볼거리가 많아 보는 것만으로도 충분히 즐겁다. 옛날 맥주 광고 포스터와 맥주병이 다양하게 전시되어 있다. 물론 이런 설명보다 더 좋은 건 비싼 삿포로 생맥주를 단돈 200엔에 맛볼 수 있다는 사실. 넓은 비어홀에서 홋카이도 전통 양고기 요리인 칭기스칸과 삿포로, 에비스 생맥주를 싼 가격에 즐길 수 있다.

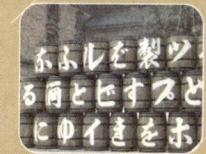

#7. 사케 뷔페에서 니혼슈 즐기기

일본에 왔다면, 특히 물 좋고 공기 좋기로 유명한 홋카이도에 왔다면 맛좋은 사케를 맛볼 수 있는 기회를 놓쳐서는 안 된다. 사케는 좋은 쌀과 신선한 물이 생명. 대대로 농업이 발달한 홋카이도에선 두 가지가 모두 풍족해 사케 양조장이 번성했다. 삿포로 시내에도 사케 박물관이 있으니 시간 여유가 없는 사람은 삿포로 사케 박물관에서 홋카이도 사케 맛을 음미해 보자. 시간 여유가 있다면 유바리 근처에 있는 고바야시 주조나 아사히카와 근처에 있는 오토코야마 주조를 방문해 명주의 맛을 즐기면 좋다. 일본 사케 양조장에선 고급 사케를 마음껏 맛볼 수 있는 기회를 제공한다. 입장권은 무료.

#8. 서민적인 우동집에서 후루룩 쩝쩝 우동 먹기

일본 우동집에선 한국에서 버릇없다는 소리를 들을 만한 짓을 골라 해야 한다. 후루룩 쩝쩝 소리를 많이 내야 요리사에 대한 예의를 지키는 것이기 때문. 덕분에 입과 귀가 모두 즐거운 식사를 할 수 있다. 우동집 곳곳에서 국수 가락이 말려 올라가는 소리가 경쾌하게 울려퍼진다. 이곳에서 일본인들과 어울려 튀김과 어묵이 곁들여진 우동 및 일본식 삼각김밥인 오니기리를 맛보자. 추천할 만한 우동집은 사누키 우동 오카다. 삿포로시 오도리 니시 18초메 1번지에 위치해 있다. 지하철 도자이센(동서선) 니시 18초메 역 2번 출구로 올라와 왼쪽으로 걸어간 후 사거리를 좌측으로 돌면 바로 나오는 빌딩 옆 건물 1층이다.

#9. 음식천국 홋카이도에서 즐기는 3대 요리

홋카이도는 일본 내에서도 알아주는 음식 천국이다. 유럽식 낙농업이 발달해 특히 우유와 치즈, 와인의 맛이 남다르다. 가까운 편의점에서 우유와 치즈를 구입해 그 맛을 반드시 확인해 보자. 유럽산 우유와 치즈의 풍미를 그대로 느낄 수 있다. 하지만 무엇보다 홋카이도 3대 요리를 빼놓을 수 없는 법. 살이 제대로 오른 대게 요리와 일본 스모 선수들이 즐겨 먹는 보양식 창고나베, 양고기 구이인 칭기스칸 등은 조금 비싸긴 하지만 먹어볼 가치가 충분하다. 일본 이자카야에선 1인당 약 2천 엔에 술을 2~3시간 동안 무한정 마실 수 있는 '노미 호 다이'와 음식을 무한정 먹을 수 있는

'다베 호 다이' 시스템을 운영하는 곳이 많으니 술이나 음식을 배불리 먹고 싶다면 이 시스템의 매력을 즐겨보는 것도 괜찮다.

#10. 아이누 민속 마을에서 훗카이도의 과거 엿보기

훗카이도의 원주민이 아이누족이라는 사실은 가이드북만 읽어도 쉽게 알 수 있다. 하지만 아이누족의 흔적이 완벽하게 거세된 21세기 훗카이도에서, 이들의 삶을 짐작하는 건 퍽 어려운 일이다. 훗카이도 개척촌은 우리나라 민속촌과 같은 테마 공원으로, 넓은 부지에 그 옛날의 훗카이도를 그대로 옮겨놓은 곳이다. 생각보다 넓고 볼 게 많아 하루를 모두 투자해야 훗카이도 개척촌을 제대로 둘러볼 수 있다. 아이누족 민속 의상을 입고 개척촌을 돌아보는 것도 색다른 체험이다.

Walkway 8.
그린 파파야 향기

베트남 남북 종단, 하노이부터 호치민까지

앞만 보고 힘차게 걸어가다가 문득 뒤를 돌아보고 싶어졌다.

베트남에선 우리가 지나쳐온 시간이 뒤늦게 전속력으로 달려오고 있었다.

내 뒷모습이었다.

…한밤의 분노의 질주

서른여섯 살짜리 여자가 검정 슈트케이스를 끌고 공항으로 향한다는 것. 이건 내게 10여 년을 입어도 변치 않는 고급 정장을 입는 것처럼 평화롭고 익숙한 일상이다. 산뜻한 흰색 셔츠와 막 빨아 입은 청바지를 입고 또각또각 공항 로비를 가로지르는 여행 경력 11년차의 여자. 수차례의 출장으로 배낭여행에 대한 두려움을 말끔히 지워버린 나는 공항 로비에서 티케팅을 하는 게 너무 자연스럽다, 라고 정말 쓰고 싶었다.

하지만 현실은 항상 예상과는 다르게 흘러간다. 항공사 카운터에 여권을 내미는 순간, 머리카락을 깨끗하게 말아 올린 예쁜 스튜어디스의 얼굴에 난감한 표정이 스쳐갔다. "손님, 이 여권으론 티케팅을 해드리기 어렵겠는데요." 나는 내 낡은 여권으로는 베트남은 고사하고 미국, 캐나다, 세계 어디에도 갈 수 없다는 청천벽력 같은 소식을 전해 들었다. 베트남은 15일 이하 체류자에게 비자를 면제해 주는 대신 유효기간 6개월 이상짜리 여권만 받았다. 내 남은 여권 만료일은 1개월 남짓.

나는 며칠 뒤 베트남에서 초짜 배낭여행자인 일본인 친구를 만나 어설픈 가이드라도 해줘야 하는 형편이었다. 그런데 만일 내가 베트남에 가지 못한다면? 불길한 예감에 사로잡혀 심장이 콩닥거렸다. 지금 당장 새 여권을 발급받을 수 없다면 단수여권이라도 받아내야 한다. 나는 하루 종일 내 긴급한 사정을 증명해 줄 서류를 발급받느라 발바닥이 부르트도록 뛰어다녔다. 어렵게 단수여권을 손에 쥐고 하노이행 비행기에 오른 시각은 저녁 7시. 날은 이미 이슥하게 저물었고, 내 손엔 어떤 호텔 바우처도 들려 있지 않았다.

"무조건 호안키엠 호수 근처로 가세요!" 베트남을 먼저 여행한 후배는 하노이 숙소 잡기의 노하우를 한마디로 정리해 주었다. 그녀의 조언에 따르면, 호안키엠 호수는 태국의 카오산 로드와 비슷한 기능을 하는 것 같았다. 하노이에 도착한 시간은 밤 12시. 이리저리 돌아다니며 좋은 숙소를 엄선하기엔 많이 늦은 시간이다. 나는 무조건 택시를 잡아타고 호안키엠 호수 근처, 모 호텔로 가자고 말했다. 싸구려 호텔이라 길을 알까 싶었는데 택시 기사는 의외로 문제없다고 자신했다. 나는 우선 내가 탄 택시가 미터 택시인지부터 확인했다. 미터 택시가 아니면 바가지요금을 물기 쉽

다는 주의를 단단히 들었기 때문이다.

"아저씨, 이거 미터 택시 맞죠?" "예스, 예스." 짐을 싣고 뒷좌석에 오르자 내 옆자리와 택시 앞좌석에 정체불명의 남자가 함께 올라탔다. 이게 뭘까? 합승인가? 뭔가 불길한 느낌이 들긴 했지만 날을 세우며 사태를 분석하기엔 여권 문제를 해결하고 비행기 티켓을 재발급 받느라 지쳐버린 몸이 좀처럼 말을 듣지 않았다. 찬찬히 살펴보니 앞 사람은 승객, 옆 사람은 통역관인 것 같았다. 영어를 할 줄 모르는 택시 기사와 영어를 잘 하는 보조 요원이 번갈아가며 내게 질문을 퍼부어댔다. 한류 열풍이 거세게 불고 있는 탓인지, 우리나라 드라마와 영화, 스타 이야기가 주로 화제에 올랐다.

아저씨의 운전 솜씨는 〈분노의 질주〉의 빈 디젤만큼이나 짜릿한 수준

이었다. 수시로 경적을 울리며 오토바이와 트럭을 격자무늬로 추월해 가는 자동차 안에서, 내 몸은 이리 뒤뚱 저리 뒤뚱 요상한 포즈로 자주 흔들렸다. 그는 공포에 떠는 손님 따위는 안중에도 없다는 듯, 한시도 클랙슨 위에서 손가락을 떼지 않고 갤러그 게임을 하듯 뿅뿅거리며 거리를 질주해 나갔다. 카메라가 줌아웃하면, 내가 탄 택시는 그야말로 〈공포 택시〉의 한 장면이다. 검은 어둠 사이로 낡은 택시 한 대가 낮은 포복으로 달려간다. 지저분한 헝겊 시트를 움켜 쥔 손에 힘이 잔뜩 들어갔다. 옆에 앉은 아저씨는 아직 공항과 어두컴컴한 도로밖에 구경하지 못한 내게 베트남에 온 기분이 어떤지를 자꾸 묻는다. "아직 잘 모르지만, 짜릿하네요!" 내 말이 칭찬인지 비난인지 구별하지 못하는 둔감한 세 명의 베트남인이 뿌듯

하게 웃는다.

···베트남 택시 사기단

택시는 한 시간을 넘게 달려 드디어 호안키엠 호수 근처에 닿았다. 사실 호수는 구경조차 할 수 없었지만, 옆에 앉은 통역관이 그렇다고 하니 믿는 수밖에. 카오산 로드의 불 밝힌 화려함을 기대했던 나는 적잖이 실망을 하고 "여기가 진짜 호안키엠 호수 근처가 맞느냐?"고 재차 확인했다. "그렇다면 호텔은?" 내가 점찍어 둔 호텔의 이름을 대자 운전사는 그제야 "네가 찾는 호텔은 방이 다 찼으니, 우리가 소개해 준 호텔에 묵으라"고 명령조로 말했다.

새벽 1시가 넘은 시간. 그들이 데려다준 호텔은 얼핏 보기에도 바퀴벌레가 기어다닐 것처럼 낡고 허름해 보였다. 나는 이 수상한 남자들에게 더 이상 휘둘리고 싶지 않았기 때문에 무조건 내리겠다고 말했다. "달러도 받지?" 베트남 가이드북에는 분명 택시비를 달러로 계산할 수 있다고 적혀 있었다. 하지만 택시 기사는 완강하게 달러를 거부했다. "무조건 베트남 돈으로 계산해야 해! 돈이 없으면 ATM 기계 앞에 데려다줄게."

ATM 기계에 카드를 밀어넣은 후, 나는 그제야 베트남 환율이 얼마인지 아직 모르고 있다는 사실을 깨달았다. 도대체 얼마를 찾아야 하는지, 얼마를 택시비로 지불해야 하는지 모든 게 막막했다. 나는 순진하게 통역관을 불러 베트남의 환율이 얼마인지를 물었다. 배고픈 고양이에게 나를 통째로 제물로 바친 격이다. 택시 기사와 통역관의 눈에 광채가 돌기 시작했다. 그들이 내 옆에 서서 50만 동에 손가락을 대려는 내게 "모어, 모어 (more, more)!"를 외쳐댔다. 설마 택시비가 이렇게 비쌀까? 알량한 사기꾼들. 나는 실랑이 끝에 현금을 두 번이나 인출했고, 5만 동짜리 지폐 10여 장을 던져준 후 겨우 택시에서 풀려나왔다. 이 사건으로 얻은 교훈 하나. 어디를 가든 현지 물가를 먼저 체크하라.

하루 동안 수많은 사건을 견뎌낸 몸은 이미 여행 첫날의 생기를 잃고 전장에 버려진 시체처럼 축 늘어져 있었다. 나는 어둡고 칙칙한 골목길을 이리저리 기웃거리기 시작했다. 거리는 철수 직전의 세트장처럼 어둡고 음산했다. 자포자기하는 심정으로 저 멀리 작은 불빛이 새어나오는 싸구려 여관에 입장했다. 마음을 비우니 흥정은 가볍게 끝났다. 내가 묵게 된 숙소는 겉모습과는 달리 베트남식 장롱과 침대, 화장대가 띄엄띄엄 배치된, 의외로 깨끗한 방이었다. 나는 씻지도, 짐을 풀지도 않은 채 우선 환율부터 계산하기 시작했다. 가만 보니 나는 택시 요금으로 무려 6만 원이 넘는 돈을 지불했다! 맙소사! 가이드북에는 공항―시내 택시 요금이 겨우 10달러라고 적혀 있는데. 목숨을 건진 걸 다행으로 생각하자는 마음이 들긴 했지만, 귀한 여행자금 몇 만 원을 강탈당한 후라 좀처럼 잠이 오지 않았다.

···하노이의 요란한 밤

나무 막대들을 얼기설기 박아놓은 낡은 창문 사이로 새벽빛이 기어들어오기 시작했다. 왁자지껄한 어제가 가고, 평온한 하루가 시작되는 것일까. 먹다 남은 맥주 캔에서 올라오는 보리 냄새가 방 안 가득 퍼져 있다. 나

는 침대에 대자로 누워 서울에 버려두고 온 따뜻한 내 방을 상상했다. 나는 왜 이렇게 지저분하고 위험한 동네에 일부러 찾아온 것일까? 천장에 매달린 낡은 팬에선 꼬불꼬불한 먼지가 덩어리째 쏟아져내릴 것 같다.

지금 보니 천장도 비틀어진 사각형 모양이다. 내 여행의 시작처럼 뭔가 아귀가 맞지 않는 것 같다. 이 어긋난 사각형을 바로잡고 싶은 마음에 네 개의 꼭짓점을 이리저리 페어맞추다 결국 나는 뜬눈으로 밤을 새우고 말았다. 새벽이 가까워올수록 어젯밤 택시 안에서 들었던 경적 소리가 더욱 요란해지기 시작했다. 오토바이 소리는 올림픽 메인 스타디움의 소음을 능가할 만큼 가히 경이적인 수준이다. 삐리삐리삐리리~. 단음절로 시작된 소리가 다른 소리를 만나 화음을 이루고, 곧 장대한 오페라로 변한다. 이게 정말 새벽 5시의 베트남인가? 6시까지 어지러운 소음에 시달리던 나는 결국 그 소리의 진원지를 찾아 호텔 밖으로 기어나왔다. 조금 비싼 돈을 치르더라도 조용한 숙소를 찾고 싶었다.

거리로 기어나온 후 나는 한동안 도저히 입을 다물 수 없었다. 오래전 일본과 프랑스인이 '인도차이나 점령'을 외치며 밀고 들어왔을 그 거리에, 부지런한 베트남인들이 항쟁을 하듯 쏟아져나와 있었다. 새벽 6시 15분, 한국의 직장인들이 거의 잠들어 있을 시간. 8차선 도로에는 오토바이가 발 디딜 틈 없이 꽉 채워져 있었다. 그것은 흡사 아프리카 초원을 누비는 거대한 물소 떼를 연상시켰다. 신호등 따위는 없었고, 사나운 눈을 치켜뜬 오토바이만 도로를 정신없이 뛰어다녔다. 나는 길 한가운데 완전히 갇혔다. 길을 건너려 해도 도저히 건널 수 없다. 오토바이 떼들은 사정을 봐주지 않는다. 나는 도로 한가운데 갇혀 나처럼 이 도시를 낯설어하는 서양인 부부와 함께 베트남인들의 눈치를 보기 시작했다. 먼발치에 호안키엠 호수가 보였지만, 그것은 만져지지 않는 신기루처럼 아득하게 느껴졌다.

…하롱베이에서 한국식 과메기 먹기

하롱베이 하면 먼저 떠오르는 건 영화 〈인도차이나〉의 한 장면이다. 참기름이 흘러내릴 것 같은 까만 머리카락을 허리까지 늘어뜨린 린당 팜이 하롱베이만을 바라보며 서 있는 뒷모습. 그녀는 그때 하롱베이의 석양을 보고 있었다. 정확한 기억은 아니지만, 어쩐지 나는 하롱베이를 생각하면 그 석양이 떠오른다. 붉게 물들기 전, 오렌지빛으로 부드럽게 빛나던 그 하늘은 이 세상의 것 같지 않은 신비를 품고 있었다.

하노이의 낡은 여관에서 아침을 함께 먹은 한 호주 아이는 하롱베이에 갈 거라는 내 말에 흥분하며 이렇게 말했다. "난 하롱베이에 세 번 다녀왔어. 이곳에 오면 다른 어떤 것도 하지 않고 그냥 하롱베이에 가. 그러면 충분해." 판타스틱fantastic, 오섬awesome, 그레이트great 등 별별 최상급 형용사를 다 갖다 붙이는 통에 아침식사를 하는 동안 내 마음은 고무풍선처럼 빵빵하게 부풀어올랐다. 하롱베이가 천상의 섬처럼 내 앞에 짠~ 하고 모습을 드러낼 것 같았다.

하롱베이는 하노이에서 3시간 거리에 있다. 대부분의 사람들은 신카페(베트남 현지 여행사)나 호텔의 자체 투어 상품을 이용해 하롱베이에 다녀오지만, 나는 일본 친구와 오전 중 각각 묵고 있는 호텔을 합쳐야 했기 때문에 새벽에 출발하는 투어 상품을 이용할 수 없었다. 대신 베트남에서 만난 한국인 노동자가 자체 개발한(?) 투어를 이용하기로 했다. 그들은 운전수가 딸린 차에 도시락을 가득 싣고 우리를 태우러 왔다.

의류 공장에서 탈출한 두 명의 한국 남자와 낡고 더러운 베트남에 진저리를 치는 한국 배낭여행자, 베트남이 한국의 80년대와 비슷하다고 생각하는 일본 여자가 함께 베트남인이 모는 차를 타고 하롱베이로 떠난다. 다분히 국제적인 조합이다. 창밖으로 보이는 하노이 거리는 여전히 어수선하다. 뭔가를 가르쳐주길 좋아하는 남자가 말했다. "저기 저 건물들 보이죠? 건물들이 왜 저렇게 똑같이 생겼는지 알아요? 창문 크기도 똑같잖아요."

나는 대답 대신 고개를 갸웃거렸다. "저게 사실 공산당 정신을 보여주는 거예요. 베트남 공산주의자들은 창문 크기까지 평등해야 한다고 생각했거든요." 그러고 보니, 하노이의 오래된 건물들은 대체로 비슷하게 생긴 것 같다. 창문의 크기도 모두 똑같다. 창문에서 바라보는 하늘까지 옆집 사람과 공평하게 나눠 갖고 싶어했다는 것을 생각하니, 공산주의자들의 평등의식이 조금 귀엽게 느껴졌다.

하노이 시내를 벗어나자 황량하게 버려진 땅들이 3시간 내내 이어졌다. 황폐한 땅에 어울리지 않는, 크기만 자랑스러운 건물들이 간간히 우리를 스쳐 지나갔다. "우리 공장도 이런 곳에 있어요." 고개를 들고 창밖을 바라보니, 알카트래즈 교도소 같은 건물이 공터 안에 덩그러니 서 있었다. 참 갑갑하겠다. 나는 그제야 하노이 시내에서 아이처럼 즐거워하던 그들의 심정을 이해했다.

아무것도 볼 것 없는 그 길을 3시간가량 달린 끝에 우리는 겨우 하롱베이에 도착했다. 하롱베이는 호주 아이의 호들갑과는 달리, 그다지 판타스틱하지도, 그레이트하지도 않은 소박한 '물의 나라'였다. 조금 기괴한 바위섬들이 듬성듬성 떠 있는 바닷가. 선착장 근처에는 허름한 한국 슈퍼와 횟집이 당당히 한국 간판을 걸고 영업을 하고 있었다. 소주도 팔고, 새우깡도 판다. 역시 대단한 한국인이다.

한국인은 왜 이토록 음식 적응력이 부족한 것일까. 고추장 중독이 심각한 탓인지 여행지에서도 언제나 고향을 그리워하는 심정으로 "순창아!" (고추장 CF)를 울부짖는다. 여행을 떠날 때 고추장 한두 개쯤 안 챙기는 사람이 거의 없을 정도로. 심한 경우엔 트렁크의 절반이 햅반과 고추장이다. 나는 대체로 음식 적응력이 강한 편이라 튜브형 고추장 몇 개를 가지고 가도 남겨오는 경우가 대부분이다.

그런데 동행한 한국인들이 하롱베이에서 자랑스럽게 꺼내놓은 도시락은, 베트남 스타일의 해산물이 아니라 청량 고추와 마늘쫑이 곁들여진 잘 마른 구룡포산 과메기였다. 하롱베이에서 과메기에 소주를 마시는 기분은 정말 독특하다. 하롱베이는 짙은 안개로 덮여 있고, 우리가 탄 배는 보물섬을 찾아가는 하멜 선장의 표류 선박처럼 부드럽게 안개 사이를 통과해 나간다. 우리는 그 이국적인 풍경 안에서 열심히 과메기 살점을 씹어삼키고 있는 것이다. 살점이 뱃속에서 통통하게 불어나는 것 같다.

…기차를 타고 남쪽으로

베트남은 인도차이나 반도의 동쪽 해변을 따라 활처럼 굽어 있다. 북쪽의 하롱베이부터 남쪽의 메콩델타까지 내려가려면 기차를 타고 이틀을 꼬박 달려야 한다. 50년대 유엔은 이 나라의 가운데를 뚝 잘라 한쪽에는 민주주의의 깃발을, 한쪽에는 공산주의의 깃발을 꽂았다. 대한민국과 북조선인민공화국이 38선을 사이에 두고 동강 잘라진 것처럼. 하지만 베트남은 일찍 절반으로 갈라진 역사를 마감했다. 승리는 공산주의자들의 것이었다. 그래서 이 나라의 수도는 경제 중심지인 호치민이 아니라, 정치 중심지인 하노이다. 하노이는 호치민에 비해 헐벗고 가난한 도시지만, 베트남 사람들은 하노이가 수도인 것을 너무나 당연하게 받아들인다. "왜 호치민이 아니라 하노이가 수도인가요?" "전쟁에서 공산당이 이겼으니까요."

나는 열흘간 이 나라의 등뼈를 타고 남으로 남으로 내려가기로 했다. 19세기 초부터 20세기 중반까지 구엔 왕조의 수도였던 후에로 가기 위해 먼저 야간 기차의 침대칸을 예약했다. 조금 비싸긴 하지만 하노이의 낡은 숙소에서 피곤을 쌓아왔던 터라 이 정도의 투자는 아끼지 않기로 했다. 하지만 하노이 시내를 구경하고 침대칸에 도착했을 때 나는 경악을 금치 못했다. 다른 칸에는 배낭여행중인 서양 아이들이 인사를 나누며 즐거운 시간을 보내고 있었지만, 내가 타야 할 열차 칸에는 6명의 베트남 가족들이 침대 두 개에 엉덩이를 붙이고 앉아 표정 없는 얼굴로 서로를 멀뚱히 바라보고 있었다. 아무 대화도 없이.

침대 두 개에서 이 많은 사람들이 다 자겠다는 심산일까. 나는 그들에게 인사도 제대로 하지 않은 채 굳어진 얼굴로 이층 침대에 기어 올라갔다. 그리고는 카메라와 각종 귀중품이 들어 있는 배낭의 자물쇠를 다시 한 번 꽁꽁 동여맸다. 이 이상한 베트남 가족에게서 내 짐을 사수하겠다는 의지가 불타올랐다.

밤 12시, 기차는 뱀처럼 몸을 배배 꼬며 레일 위로 미끄러지기 시작했다. 꽉 끼어 앉았던 가족들 중 노인 두 명만 남고, 나머지 가족은 모두 자기 자리를 찾아 돌아갔다. 그들의 목적지는 호치민. 나중에 알고 보니 이 가족은 하노이에서 호치민으로 이틀을 꼬박 걸려 이사를 가는 중이라고 했다. 말이 통하지 않는 우리는 눈짓을 통해 대화를 나눴다. 내가 몸을 뒤척거리면 할아버지는 냉큼 불을 꺼주었고, 화장실에 가려고 일어나면 침대 사다리를 얼른 붙잡아주었다. 아침나절, 기차 안내원은 방마다 인스턴트 쌀국수를 하나씩 던져주고 사라졌다. 나는 이것을 과연 어떻게 먹어야 할지 막막하게 쳐다봤다. 아저씨가 손짓 발짓을 섞어가며 물 받는 곳과 먹는 법을 알려준다. 그리고 자기 가족에게 먹이기 위해 싸가지고 온 커피믹스 두 개를 후식으로 내놓았다.

나는 허름한 행색만 보고 엊저녁 이 가족을 소매치기단으로 오해한 사실이 미안해 어색한 미소를 지어 보였다. 뜨거운 국수 가락이 뱃속을 뜨겁게 어루만져주었다. 가난한 부랑자의 음식이 너무 꿀맛 같아서 나는 국물 한 방울 남기지 않고 그릇을 싹싹 비웠다. 할아버지를 향해 엄지손가락을 치켜세우며 맛있다고 하자 할아버지가 활짝 웃었다. 잠시 후, 기차가 후에 역에 멈춰 섰다. 베트남 가족들이 가야 할 긴 여정의 중간 지점, 내가 가야 할 긴 여정의 종착지. 기차역에는 '후에(順化)'라는 이름의 한자어가 대롱대롱 매달려 있었다.

···후에 인력거꾼의 찰거머리 전략

베트남의 도로에 서면 사람으로 태어난 것이 가끔 원망스러워진다. 사자처럼 달리는 자동차와 물소 떼처럼 달려가는 오토바이, 포식한 곰처럼 느릿느릿 기어가는 인력거들 사이에서, 사람은 외로운 섬이 되고 이방의 존재로 전락한다. 요란한 경적소리가 스테레오로 두 귀를 훑고 지나가는 도로에 질려버린 나는 후에에서 처음으로 평화를 만났다. 후에는 자동차나 오토바이보다 인력거가 많은 베트남 최고의 안락한 휴식처였다.

19세기, 베트남이 통일된 후 구엔왕조의 수도로서 오랫동안 정치 중심지 역할을 했던 도시. 고즈넉한 역사의 흔적이 은은하게 배어나오는 이곳에서 나는 하노이와 다른, 조금 게으른 여행을 하고 싶었다. 길가의 풍경을 천천히 음미할 수 있는 인력거 드라이브는 게으른 여행자에게 안성맞춤인 여행법이다.

흥정은 쉽게 끝났다. 합의된 금액은 5달러. 나는 인력거에 몸을 맡기고 사진기를 만지작거리며 놀았다. 밤새 시끄러운 기차 안에서 선잠을 잤는데도, 이상하게 시금치를 삼킨 뽀빠이처럼 불끈불끈 기운이 솟았다. 인력거꾼은 호텔에 나를 무사히 내려준 후 돈을 지불하고 돌아서려는 내게 소리 높여 외쳤다. "짐만 던져놓고 바로 나와! 서비스로 후에 구시가를 구경시켜 줄게." "어, 정말?"

그들의 서비스는 예상대로 서비스가 아니었다. 무슨 꿍꿍이인지는 잘 모르겠지만, 그는 그날 내내 후에의 모든 것을 구경시켜 주겠다며 두 손을 걷어붙이고 나섰다. 우리로 치면 경주 불국사 같은 왕궁 앞에서도, 후에 전통 음식점 앞에서도 그는 1시간이건 2시간이건 줄기차게 나를 기다렸다. 한마디로 금쪽같은 시간을 손님 기다리는 데 모두 쏟아붓고 있었던 셈이다. 서비스가 이 정도라면 너무 훌륭한 것 아닐까. 나는 누군가가 기다리고 있으면 마음이 불편해지는 성격이라, 제발 이제는 당신 볼일을 보러 가라고 애원했다. 불편한 마음에서 벗어나기 위해 서비스 비용을 지불할 생각도 있었다. 하지만 그는 돈도 받지 않고, 문 앞에서 떠나지도 않은 채, 하루 종일 나를 졸졸 따라다녔다. 끈질긴 인내심이다. 결국 그날 나는 5달러의 웃돈을 더 얹어주고서야 겨우 이 끈기 있는 남자의 손에서 벗어났다.

···호이안 구시가의 시간 여행

후에에서 3시간 거리에 있는 중부 도시 호이안은 소박하고 고풍스러운 도시다. 시간 여행을 떠나온 것처럼, 옛 시절의 베트남이 그대로 박제되어 있는 모습을 볼 수 있다. 며칠을 꼬박 달려 비로소 베트남다운 곳을 만난 나는 호이안의 조용한 골목과 구정물이 묻어 있는 노란 벽, 적당히 촌스러운 레스토랑에 완전히 매료되었다. 역사의 숨결이 살아 있는 그곳에서 사람들은 유물탐사를 하듯 천천히 이방의 문화를 손끝으로 만지작거렸다.

베트남 전통 모자를 눌러쓴 여인들이 거리 곳곳에서 양팔 저울을 들고 걸어간다. 베트남이라는 사실을 증명하기 위해 누군가 길거리에 풀어놓은

엑스트라처럼, 그들은 말없이 제 역할을 해내고 있었다. 나는 호이안과 미선 유적지를 차례로 둘러보았다. 때마침 호이안에는 안개처럼 넓게 퍼지는 비가 줄기차게 내리고 있었다.

가끔 서양 남자와 베트남 처녀가 뜨겁게 포옹을 하며 걸어가는 모습이 보인다. 서양 남자는 베트남 처녀에게 사랑을 사고, 베트남 처녀는 서양 남자에게 미래의 희망을 사지만, 결국 그들은 두 가지를 모두 얻지 못한 채 각자의 집으로 돌아갈 것이다. 가끔 베트남 처녀와 눈이 마주칠 때마다 나는 어색하게 미소를 지어보였다. 그녀의 눈에는 불안한 희망이 묻어 있었다. 순간일지 영원일지 모르는 사랑이, 그녀의 야윈 허리를 힘껏 감싸안는다.

···야간 버스의 추억

베트남 북부에서 남부까지는 1,726킬로미터의 대장정이다. 이 루트를 따라가는 건, 그러니까 물리적인 거리감을 넘어 시간과 계절, 고대와 현대, 정글과 사막 사이를 온몸으로 통과하는 스펙터클한 경험이다. 베트남을 여행하는 동안 나는 기차 문을 열기 전에 크게 심호흡을 하는 버릇이 생겼다. 세 번째 문을 열면 80년대의 서울이 있고, 네 번째 문을 열면 부유한 리조트 해변이 있고, 다섯 번째 문을 열면 고즈넉한 18세기 베트남이, 여섯 번째 문을 열면 동경 한복판 같은 화려한 도심이 장대하게 펼쳐진다. 하노이에서 호치민까지 내려가는 것은 20세기에 쓰인 낡은 일기장을 들추는 일이며, 아마존 정글과 붉은 모래사막, 구시가와 모던한 도시를 두루 구경하는 일이다.

베트남의 야간 버스에는 현지인과 관광객, 어린 학생들과 나이 지긋한 할머니들이 잡초처럼 계통 없이 뒤섞여 있다. 기차보다 싸게 도시로 이동하려는 현지인과 외국에서 온 관광객의 포즈는 완전히 다르다. 체구가 작은 베트남 현지인들은 제 집 안방에 앉은 것처럼 시트 하나에 온몸을 구겨 넣고 멋진 포즈로 잠을 청한다. 아크로바틱의 한 장면 같은 이 기괴한 포즈는 오토바이를 탈 때도 어김없이 반복된다. 베트남의 오토바이는 가끔 이삿짐 차량으로 변하기도 하는데, 온 가족이 한 오토바이에 올라타는 것으로 모자라 이불과 살림살이까지 모두 지고 가는 모습은 정말 경이적이다.

베트남 학교에선 작은 공간에 많은 것을 구겨넣는 법을 가르쳐주는 것일까. 버스 한 좌석에 집채만한 짐짝을 싣고 그 안에 몸을 눕힌 현지인의 모습은, 그렇게 편안하고 긍정적으로 보일 수 없다. 이와는 대조적으로 체구가 큰 서양 사람들은 밤새 몸을 뒤척이며 버스 여행의 불편함을 소리 없이 표현한다. 우드득우드득; 고통을 호소하는 소리가 요란하다. 그래도 그들의 잠든 얼굴은 현지인과 마찬가지로 긍정적이다.

개중엔 아직 걸음마도 떼지 않은 아이들을 데리고 여행을 나선 부부도 있다. 한국에서 배낭여행은 학생이나 2, 30대 싱글족들의 전유물처럼 여겨지지만, 서양사람 중엔 가족 배낭여행객들이 의외로 많다. 아이들을 데리고 야간 버스와 기차를 타는 것은 얼마나 고단한 일일까. 내 한 몸 간수하기도 버거운 나는 그들의 인내심에 경의를 표하고 싶어졌다. 아마도 그들은 여행의 고단함쯤은 추억의 책갈피 안에 멋지게 끼워넣는 법을 알고 있는 것 같다.

···할머니 배낭족

베트남 버스에서 만난 가장 인상적인 여행객은 사진기를 들고 부지런히 사진을 찍어대는 할머니 배낭여행자였다. 60세는 족히 되었을 법한 그녀는 혼자 여행하는 게 너무 자연스러운 듯 붙임성 있게 이 사람 저 사람과 이야기를 잘도 주고받았다. 그녀 주위엔 늘 사람이 많았다. 그녀가 마음을 열고 다가갔기 때문에 버스에 타고 있던 모든 사람들이 그녀 주위에 몰려들었다. 내가 가끔 멋진 장면을 포착해 카메라를 들이대면, 슬쩍 옆에 다가와 함께 사진을 찍으며 "정말 멋진 프레임"이라고 추켜세웠다.

그녀가 물었다. "사진 찍는 거 좋아하니?" "물론. 당신도?" "나는 사진보다 사람을 더 좋아해!" 나는 그녀가 프로 사진작가일 거라 짐작했으나, 그녀는 의외로 부끄러워하며 손사래를 쳤다. 사람들이 카메라를 든 사람을 좋아하는 것 같아서 그냥 사진기를 들고 다니는 것뿐이라고 말했다.

확실히 그녀는 배낭여행의 고수였다. 여행을 다니다 보면 카메라 덕분에 친해진 사람들, 카메라를 통해 기억하게 된 사람들이 의외로 많다. 그래서 나는 여행지에서 늘 무거운 카메라를 들고 어깨 결림을 참으며 돌아다닌다. 카메라는 낯선 사람과 나를 이어주는 미팅 주선자 같다. 그녀를 보고 있자니, 나도 평생 배낭족으로 살고 싶다는 꿈이 부풀어올랐다.

"나도 나중에 저 할머니처럼 될 수 있을까? 50대에도, 60대에도 영원히 배낭여행을 즐길 줄 아는 젊은 여행자가 되고 싶어."

옆자리에 앉은 친구가 말했다. "넌 더 근사한 여행자가 될 거야. 배낭여행의 재미를 이미 알고 있잖아."

빈말이라도 고마웠다. 나는 왠지 꿈이 하나 더 늘어난 것 같아 기분이 흐뭇해졌다.

내 꿈은 내가 재미있어서 못 견디겠는 사람이 되는 것과 나이 들수록 더 젊은 배낭여행자가 되는 것. 그리고 궁극적으로 나이를 짐작할 수 없는 '철없는 어른'이 되는 것이다.

결코 사랑할 수 없을 것 같던 베트남이 어느새 정겨운 누이처럼 친숙하게 다가왔다. 쉽게 건널 수 없을 것 같던 8차선 도로도, 끝까지 시끄러울 것 같던 경적소리도, 결국은 푸른 초원처럼 여유롭고 목동의 피리소리처럼 감미롭게 들리기 시작했다. 나는 비로소 베트남에 익숙해진 것이다. 이 도시는 익숙해지기 전까지 결코 사랑할 수 없지만 한번 빠지면 헤어나올 수 없는 매혹의 향기로 가득 채워져 있다. 단, 사랑할 때까지 견디는 것이 중요하다. 나는 견뎠고, 결국 익숙해졌다.

Single Traveler's Route
:: 베트남

베트남 하노이 IN ➡ 하롱베이 ➡ 후에 ➡ 궁정 보트 투어 ➡ 호이안 ➡ 미선 유적지 ➡ 나짱 비치 ➡ 호치민 ➡ 메콩델타 ➡ 호치민 OUT

※예상 경비 : 2주 120만 원

최고의 코스
Must do item 10

#1. 다양한 투어 즐기기

베트남에는 값싼 투어 상품이 많기 때문에 혼자 다니는 것보다 투어 상품을 활용하는 게 좋다. 후에 보트 투어와 호이안 미션 유적지 투어, 호치민 메콩델타 투어, 하노이 하롱베이 투어는 가격도 저렴하고 내용도 알차다. 하루 종일 배를 타고 대여섯 군데의 왕궁을 도는 후에 보트 투어와 베트남 밀림을 체험하는 메콩델타 투어는 베트남식 점심식사를 함께 제공한다. 단, 왕궁 투어 시 입장료와 오토바이 택시요금은 개별 부담. 입장료는 상상을 초월할 만큼 비싸다. 메콩델타 투어는 옵션이 그리 많지 않지만 쇼핑을 살짝 권하는 경향이 있다. 물건이 싸고 괜찮은 편이라 적당히 쇼핑을 즐겨도 나쁘진 않다.

#2. 전통 시장에서 베트남 빈대떡 맛보기

베트남 전통 시장은 뜨겁게 살아 있다. 소리 높여 상품을 홍보하는 상인들, 부지런히 음식을 만들어 파는 아주머니의 목소리가 어우러져 시장에 활기를 더한다. 전통 시장에서 반드시 도전해야 할 베트남 요리는 베트남식 빈대떡인 반 쎄오. 해산물을 잔뜩 넣고 지져낸 반 쎄오는 한 끼 식사로 모자람이 없다. 시장에서 파는 쌀국수와 튀김은 동남아 특유의 향을 참아낼 자신이 있는 사람만 도전할 것. 음식 적응력이 부족한 사람이라면 'Pho24' 같은 체인점에서 베트남 쌀국수와 춘권을 즐기는 것이 좋다.

#3. 왕후의 식탁 받아보기

구엔왕조의 숨결이 살아 있는 후에에선 반드시 왕후의 식탁을 받아보아야 한다. 가격은 15달러 이상으로 조금 비싸지만, 후회 없는 식사를 즐길 수 있다. 먹기 아까울 정도로 아름다운 요리들이 10여 가지 이상 서비스된다. 여기에 와인을 한 잔 곁들이면 잊을 수 없는 낭만적인 밤을 만들 수 있다. 구시가 안에 있는 레스토랑에서 후에 궁정요리를 내놓는다.

#4. 호이안 구시가 산책

호이안 종합 티켓(5달러)을 구입해 사원을 돌아다니다 보면 반나절이 훌쩍 지나간다. 구시가 시내에는 상점과 레스토랑이 많기 때문에 시간 가는 줄 모르고 쇼핑과 산책을 즐길 수 있다. 하지만 구시가에만 머물지 말고 강변을 넘어 진짜 호이안 사람들이 살고 있는 주택가로 넘어가보길 권한다. 아이들이 골목길에서 뛰어놀고 아저씨가 면도를 하는 진짜 호이안 사람들의 현재를 구경할 수 있다.

#5. 쇼핑은 호이안에서

호치민의 벤탄 시장이나 하노이 구시가지 36거리에서 쇼핑을 하려면 에너지가 많이 필요하다. 워낙 넓고 취급하는 상품도 다양하기 때문에 쇼핑을 시작하기도 전에 머리가 먼저 아파온다. 반면 호이안 기념품 상점은 나름 정돈이 잘 되어 있고 베트남의 향기가 물씬 나는 스카프와 가방을 주로 팔기 때문에 기념품을 사기에 안성맞춤이다. 흥정만 잘 하면 하노이나 호치민보다 훨씬 싼 값에 물건을 구입할 수 있다.

#6. 나짱에서 편안한 리조트 여행을

베트남 최고의 휴양 도시 나짱에선 웬만하면 수영장이 딸린 고급 리조트에서 머물길 권한다. 해변이 보이는 방이라면 금상첨화. 호텔 통유리에 비치는 일출을 보며 일어나는 기분은 정말 산뜻하다. 한낮에는 해변에서 적당히 선탠을 즐기고, 오후에는 리조트로 돌아와 스파와 수영, 사우나를 즐겨보자. 나짱 비치 주변의 4개 섬을 도는 섬 탐사 투어도 해볼 만하다. 스노클링을 신청하면 아름다운 산호초와 열대어를 볼 수 있다.

#7. 시원한 샴푸 서비스 받아보기

베트남 마사지는 타이 마사지에 비해 시원한 느낌이 덜하다. 반면 베트남에서 꼭 경험해 봐야 할 것은 샴푸 서비스다. 두피를 정성껏 마사지한 뒤 머리를 감겨주고 드라이까지 해주는 샴푸 서비스는 한 번쯤 누려볼 만한 사치다. 일종의 머리 안마를 받는 기분이다. 1시간가량 진행되는 샴푸 서비스는 시내 미용실에서 쉽게 받을 수 있다.

#8. 호텔 커피숍에서 커피 한 잔의 여유

하노이부터 호치민까지 긴 여행을 했다면 몸이 퍼석퍼석 말을 듣지 않는 게 당연하다. 이럴 때는 편안한 휴식만큼 좋은 에너지 보충법도 없다. 배고픈 배낭여행자라도 근사한 커피 한 잔의 여유 정도는 즐겨볼 만하다. 한때 프랑스의 지배를 받았던 베트남은 커피가 맛있기로 소문난 나라다. 호치민에는 백화점과 호텔이 많으니 고급 커피숍에 앉아 맛있는 커피를 즐기며 휴식을 취하는 것도 좋을 듯하다. 우리나라 콩 다방, 별 다방 가격 정도면 우아하게 호텔 커피를 즐길 수 있다.

#9. 베트남 전통 의상 쇼핑

베트남을 여행하다 보면 눈에 밟히는 쇼핑 아이템이 하나 있다. '날씬한 여성들을 위한' 베트남 전통 의상 아오자이. 여행의 흥에 겨워 구입한 전통 의상은 물론 한국에서 아무 쓸모없는 애물단지가 되기 마련이다. 맞춤복으로 유명한 호이안에서 자기 몸 치수에 맞는 아오자이를 맞춰 입는 사람도 많은데, 이건 반드시 경계해야 할 과잉지출 중 하나. 웬만하면 쇼핑 욕구를 꾹 눌렀다가 호치민 쇼핑가에서 아오자이풍 개량 의상을 구입하는 게 좋다. 아오자이 분위기가 물씬 풍기는 블라우스나 치마를 구입하면 한국에서도 멋진 베트남 스타일을 즐길 수 있다.

#10. 쪼론 거리에서 씨클로 타기

아름답게 나이 들어가는 남자 양조위가 미워할 수 없는 악역으로 등장하는 영화 〈씨클로〉. 이 영화를 기억하며 쪼론 거리를 걸어보는 것도 베트남을 즐기는 색다른 방법이다. 모든 사람들이 빠져나가기 위해 안간힘을 쓰는 수렁 같은 이 거리는, 사실 삶의 에너지가 넘치는 용광로 같은 곳이다. 중국인들이 많이 거주하고 있어 중국적인 숨결이 많이 묻어나온다. 이 거리에서 씨클로를 한번 타보는 것도 좋을 듯. 〈연인〉의 제인 마치가 다니던 학교도 쪼론 거리에 있다.

Epilogue
삶의 연착, 집행유예의 시간

오래전 히피들은 "30세 이상은 절대 믿지 말라!"는 구호를 외쳤다. 나는 자유를 목숨처럼 아끼는 히피들이 그토록 믿지 말라고 경고했던 바로 그 30대였다. 그것도 슬슬 30대라는 나이를 자각하고 받아들이기 시작한 30대 중반. 게으르게 걸을 여유 따윈 없었다. 기성세대란 무릇 빨리 걷고 빨리 성장하고 빨리 늙어서 어엿한 배불뚝이 어른이 되어야 마땅하다고 배웠다. 안일한 웃음과 말도 안 되는 고집으로 무장한 어른이 되는 것만이 유일한 삶의 목표인 줄 착각하며 살았다. 자칫하면, 평생 그럴 뻔했다.

어느 날 나는 이토록 일관되게 시시한 내 삶이 조금 지겨워졌다. 모든 사람이 꿈꾸는 똑같은 꿈을 따라하고 있는 내가 우스웠다. 남들처럼 신도시에 중형 아파트를 장만하고, 주식으로 화끈하게 돈을 벌고, 옷장 안에 명품 가방의 수를 늘리는 것보다 좀 더 재미있는 삶은 없을까?

삶의 기차역, 이름 모를 간이역에서 나는 잠시 연착되기로 했다. 어차피 인생은 평생 시속 100킬로미터로 달려야 하는 단거리 경주는 아닐 테니까. 나는 에너지를 보충하고 싶다는 철없는 이유를 대고 1년간 내 삶을 과감히 집행유예시켰다. 서른여섯 해 여름, 반듯했던 내 삶은 간단한 서류 한

달콤쌉싸름한 여행의 기억,

그리고 충전의 기쁨...................

내가 상상할 수 있는 세상이 한 뼘쯤 넓어진 느낌이다.

장으로 가볍게 허물어졌다. 사표 한 장으로 얻은 대가는 냉혹한 자유. 나는 여행자라는 별명을 가진, 시간 많고 갈 곳 없는 화려한 '백수'가 되었다.

제 속도로 걸어가던 인생을 잠시 붙들어매고 나니 일상의 속도에 갇혀 있을 때는 보지 못했던 것들이 하나둘 눈에 보이기 시작했다. 옆집 담벼락에 쓰인 낙서라든지, 달콤한 지하실 냄새, 책장을 넘길 때 들리는 바스락거리는 소리 같은 것. 참 쓸데없고 하찮은 것들이 새삼 마음에 와닿았다. 눈과 귀가 번쩍 뜨여 있을 때, 세상 밖으로 힘차게 걸어나가 보면 어떨까. 그렇게 시작한 여행이 어느덧 1년째다.

안타깝게도 나는 여행을 다니면서 숱한 오해와 편견을 끝내 버리지 못했다. 이 도시는 왜 이렇게 더러울까, 이 도시 사람들은 어쩜 이렇게 불친절할까. 마음을 활짝 열지 못하고 경계의 끈을 조이느라 끝까지 웅크린 여행자로 남았다. 여행을 통해 더 큰 사람이 되고 싶었지만 결과적으로 여행은 내 못난 부분을 더 많이 들여다보는 시간이었다.

지금 나는 인생의 평행선 위에 서 있다. 등고선이 없는 지도를 펴놓고 어느 봉우리로 향해야 할지 궁리하는 기분은 조금 막막하다. 하지만 돌아보면 내 생애 1년, 삶을 연착시킬 수 있는 용기를 가졌다는 것이 얼핏 대견하게 느껴지기도 한다. 지도를 보지 않고 걸어갈 수 있는 길이 많아졌다는 것, 세계 곳곳의 골목에서 벌어지는 수상한 비밀들을 많이 알게 되었다는 것, 세계 지도를 보지 않고 지도를 그릴 수 있는 사람이 되었다는 것, 30대 중반에도 여전히 나이를 짐작할 수 없는 철없는 어른으로 남아 있다는 것이 문득 행복하다.

일생에 한 번쯤은 파리지앵처럼

초판 1쇄 인쇄 2008년 6월 30일   초판 1쇄 발행 2008년 7월 5일
지은이 황희연   펴낸이 김태영

기획 강병국

비즈니스 3파트장 박선영
기획편집 1분사_ 분사장 박선영   책임편집 한수미
1팀_ 도은주   2팀_ 가정실 김세희   3팀_ 최혜진 한수미 정지연
4팀_ 이효선 성화현 조지혜   디자인팀_ 김정숙 하은혜 차기윤
마케팅분사_ 송재광 박신용   지도 일러스트 JINA   제작 이재승 송현주 황수영

펴낸곳 (주)위즈덤하우스   출판등록 2000년 5월 23일 제13-1071호
주소 서울시 마포구 도화동 22번지 창강빌딩 15층   전화 6399-4000   팩스 704-3891
전자우편 yedam1@wisdomhouse.co.kr   홈페이지 www.wisdomhouse.co.kr
출력 엔터   종이 화인페이퍼   인쇄·제본 (주)현문인쇄

값 13,000원   ISBN 978-89-5913-316-1   03810

- 잘못된 책은 바꿔드립니다.
- 이 책의 전부 또는 일부 내용을 재사용하려면 사전에
  저작권자와 (주)위즈덤하우스의 동의를 받아야 합니다.
- 이 도서의 국립중앙도서관 출판시도서목록(CIP)은 e-CIP 홈페이지(http://www.nl.go.kr/cip.php)
  에서 이용하실 수 있습니다.(CIP제어번호: CIP2008001980)